„Die Transformation unserer Wirtschaft enthält und verlangt tiefgreifende Veränderungen. Digitalisierung, Dekarbonisierung und mehr (Geschlechter-)Gerechtigkeit fordern neues Denken und Handeln von uns. Muster und Rezepte der Vergangenheit reichen nicht, um Unternehmen in die Zukunft zu führen. Das geht nur mit Mut, nur wenn wir die Energie aufbringen, persönlich mutig zu sein und auch andere ermutigen, sich den Mut zuzutrauen. Das Buch von Florence Guesnet lädt zu diesem Mut ein, hinterfragt Glaubenssätze der Wachstumslogik und bietet in praktischen Beispielen und mit persönlichen Geschichten eine ermunternde Anleitung zum mutigen Führen. Ein wichtiger, ein lesenswerter, ein ermutigender Beitrag in der Zukunftsdebatte unseres Landes."

Susanne Fabry
Vorstand und Arbeitsdirektorin bei RheinEnergie AG

„Ohne Mut kann man gar nicht führen. Davon bin ich zutiefst überzeugt. Mit diesem Buch eröffnet Florence Guesnet mehr Menschen den Weg zu ihrem ganz persönlichen Mut. Die starken Konzepte, inspirierenden Geschichten und praktischen Übungen von Florence Guesnet empfehle ich allen Menschen, die Verantwortung übernehmen und besser führen wollen."

Oliver Kastalio
CEO und Chairman der WMF Gruppe

*„Die großen Fragen unserer Zeit brauchen uns alle mutig, nicht ängstlich. Ob mit ihrer Einladung in die Mutzone, ihrem Manifest zum „Nein-Sagen" oder ihrer Diagnose zu „Angst in Organisationen" – Florence Guesnet konfrontiert Gewohnheitstiere, Verzagte und Zyniker*innen mit ihrem Aufruf und ihrer Anleitung zu mehr Mut. Ein Buch, dass ich allen in Verantwortung und Führungspositionen von Herzen empfehlen möchte."*

Dr. Markus Klimmer
Deputy Chair von HH2E

„Führung braucht Mut. Als Geschäftsführer der Magnetec spüre ich das jeden Tag: unsere Schlüsseltechnologie für Entkarbonisierung bietet uns riesige Wachstumschancen, die wir systematisch und mit viel Mut nutzen. Dieses Buch inspiriert, befähigt und unterstützt Menschen, die mehr bewirken wollen, Widerstände zu überwinden und überalterte Systeme zu transformieren. Die Mischung persönlicher Geschichten aus dem Konzernleben mit Coaching-Werkzeugen überzeugt und bewegt."

Marc Nicolaudius
Geschäftsführer der Magnetec G

Florence Marie Guesnet

Mutig weiter!

Dein Weg zu guter Arbeit
und starker Führung

Zum Mut entdecken,

Vertrauen wagen,

Neues ausprobieren ...

Florence Guesnet

Köln, November 2022

IMPRESSUM

Originalausgabe
Erste Auflage 2022

©2022 ambitionize, Florence Marie Guesnet, www.ambitionize.de

Gestaltung: Jefferson & Högerle, Köln
Lektorat: Manfred Weichselbaumer, Köln
Porträt Rückseite: Annette Looijestijn, annette@attentieattentie.com
Titelmotiv: Shutterstock, Lonvero
Illustrationen Seite 30, 45: Marianne Reuter
Schrifttype: GT Super, Apercu

Herstellung und Verlag: BoD – Books on Demand, Norderstedt

Bibliografische Information der Deutschen Nationalbibliothek:
Die Deutsche Nationalbibliothek verzeichnet diese Publikation in der
Deutschen Nationalbibliografie; detaillierte bibliografische Daten sind
im Internet über dnb.dnb.de abrufbar.

ISBN 978-3-7562-2839-3

INHALTSVERZEICHNIS

Mut in Organisationen

EINFÜHRUNG

Da ist er: Der Moment, in dem wir Widerstände, Ängste und Risiken spüren, und doch unsere Kräfte sammeln, den Entschluss fassen und über diese Kluft hinwegschreiten. Das Ergebnis ist unbekannt, wir sind nur entschlossen, ins Risiko zu gehen und aktiv zu werden. Weil wir für unsere Werte einstehen, eine Neugierde befriedigen, eine Sehnsucht erfüllen wollen. Das ist Mut.

Über mich selbst habe ich immer wieder gesagt: „Ich bin die mutigste ängstliche Person, die ich kenne". Ja, ich bin sehr aufmerksam gegenüber Risiken und unerwünschten Ergebnissen. Die Worte „gefährlich", „ich fürchte" oder „aufpassen" höre ich in meinem Kopf und aus meinem Mund sehr oft. Dennoch haben mich immer wieder Menschen in meinem Umfeld mutig genannt und darin bestärkt, auch anderen Kraft und Inspiration zu bieten, um im Zweifel die Angst loszulassen und stattdessen Mut zu fassen. Meine mutigen Wege bin ich als junger Mensch in der Politik gegangen, später als Führungskraft in internationalen Unternehmen. Meine mutigen Wege und Talente haben mich nicht zur Bundeskanzlerin, Vorstandsvorsitzenden oder Volksheldin gemacht – sondern zu einer erfolgreichen Managerin, einem gefragten Coach und zu einer glücklichen Mutter und Ehefrau mit drei Kindern. Mit vielen Erfahrungen und Entscheidungen, die für andere Menschen in ähnlichen Kontexten relevant sein können – und die ich für dich, liebe*r Leser*in, in diesem Buch aufgeschrieben habe.

Ich treffe auf sehr viele Menschen, die „der Mut verlassen hat" – die den schmalen Weg gehen, der ihnen von Sachzwängen, eifersüchtigen Kollegen oder opportunistischen Vorgesetzten noch offengelassen wird. Diese Menschen sind mental erschöpft und frustriert. In vielen Organisationen ist das leider die vorherrschende Kultur – keiner sagt mehr irgendetwas „Wahres" und Authentisches, da es als unerwünschte Kritik und als Rütteln an einem labilen Gleichgewicht empfunden wird. Das Resultat sind Organisationen, die auf dem kleinsten gemeinsamen Nenner, mit mittelmäßigen Ergebnissen und kraftlosen Mitarbeiter*innen unterwegs sind. Organisationen, in denen Führungskräfte sehr oft sagen: „Ich muss mir meine Schlachten aussuchen" („choosing my battles") – also eigentlich viele Konflikte sehen, jedoch nur für ganz wenige die Kraft zur konstruktiven Lösung aufbringen. Dieser fehlende

Mut zur Auseinandersetzung, zum Ringen um den richtigen Weg, zum Verlassen des Vertrauten – den möchte ich mobilisieren. Das mache ich in Coachings, in Workshops und Trainings – und hoffentlich auch mit diesem Buch.

Viele der Beispiele und Geschichten in diesem Buch beziehen sich auf meine Erfahrungen in Unternehmen – entweder als deren Führungskraft oder als Beraterin und Coach. Deshalb kann diese Lektüre für Menschen, die in mittleren und großen Unternehmen tätig sind und dort Einfluss anstreben oder auch schon haben, eher zugänglich und von großer Relevanz sein. Jedoch sind die in diesem Buch beschriebenen Konzepte und Strategien auch auf viele andere Lebensbereiche übertragbar, damit du auch in der Familie, im Privatleben oder bei deinem Engagement in der Gesellschaft den mutigen Weg erkennen und gehen kannst.

Mein Kernanliegen mit diesem Buch: unsere Welt, unsere Mitmenschen und wir selber brauchen Mut für die Zukunft. Ich möchte dir Gedanken und Ideen anbieten, die den Weg in den Mut leichter machen. Damit du nicht auf verpasste Gelegenheiten zurückblickst und wir in unseren Teams nicht so oft sagen: „Hättest du das mal früher gesagt", und wir als Gesellschaft nicht damit konfrontiert sind, dass die mutigen Zurückhaltenden von aggressiven Ängstlichen überrannt werden. Ob privates Glück, ob beruflicher und geschäftlicher Erfolg oder gleich die Rettung der Welt: Ohne Mut geht es nicht.

Redaktionelle Hinweise:
Alle Geschichten, die ich hier teile, haben sich (in meiner Wahrnehmung) so zugetragen. Viele Namen (Personen und Firmen) sind geändert, um Persönlichkeitsrechte der Menschen zu schützen und wurden dann mit einer Fußnote gekennzeichnet.

Alle Menschen ansprechen – wie halte ich es mit dem Gendern? Der *Stern ist meine Lösung. Da ich oft von konkreten Situationen spreche, in denen vielleicht gerade nur ein Geschlecht anwesend war, ist nicht überall ein Stern. Und vielleicht habe ich auch zur Abwechslung einfach mal nur von Frauen oder Männern gesprochen. Freue mich über jedes Feedback zu meiner Herangehensweise. Ich lerne gerne.

1. TEIL:

Individueller
Mut

WAS IST MUT?

Mut ist die Kapazität, Angst zu überwinden, auch wenn dabei unangenehme, schmerzhafte oder schwer kalkulierbare Folgen auftreten können.

Mut erfährst du in diesem faszinierenden Moment, in dem du die inneren Widerstände, die Angst, die Unsicherheit spürst – oft als Knoten im Bauch – und dann, vielleicht innerlich bebend, in die Aktion gehst. Das Herz klopft bis zum Hals, das Adrenalin rauscht durch deinen Körper, du spürst noch die Angst, die hast du aber auf die hinteren Plätze verwiesen. Und du handelst. Das ist Mut. Den brauchst du, wenn du in einer dir unbekannten Gruppe die Stimme erhebst, wenn du jemand Machtvollerem widersprichst – oder wenn du nicht weißt, ob du gerade in eine scharfe oder laffe Chili beißt.

Faszinierend an Mut ist, dass er nicht die Abwesenheit von Angst bedeutet, sondern genau die Angst wahrnimmt. Mut ermöglicht mir, die Angst wahrzunehmen und mich für ihre Überwindung zu entscheiden. Für ein mir wichtiges Ziel, einen Wert, ein Prinzip zu handeln. Das ist Mut. Daher ist Mut auch sehr individuell – es ist deine Fähigkeit, dein persönliches Zögern, deine individuelle Angst, deine Sorgen wahrzunehmen und in das Risiko zu gehen und die Anstrengung auf dich zu nehmen.

Mut ist bei jedem von uns unterschiedlich ausgeprägt. Ich bin Menschen begegnet, die ohne mit der Wimper zu zucken Millionen Euro für eine Werbekampagne ausgegeben haben, sich aber nicht trauten, ihrem Chef zu widersprechen.

Da gibt es den „körperlich Mutigen", der bei Skifahren, Mountainbiken, im Zweikampf beim Fußball gerne ins Risiko geht, und über den Zuschauer dann vielleicht sagen würden „das würde ich mich nie trauen". Die gleiche Person kann aber auch sozial sehr unmutig sein und Angst haben, vor einer großen Gruppe die Stimme zu heben.

Deswegen: niemand ist immer und überall mutig. Und was uns als Mut erscheint, ist für die „mutige" Person vielleicht alltäglichste, sogar langweilige Routine. Dein Mut führt dich aus deinen persönlichen Ängsten heraus, und den kannst du mobilisieren, trainieren, stärken. Hierzu lade ich dich mit diesem Buch herzlich ein.

MUT FORMT! UNSER LEBEN.

Seit etwa drei Jahren beschäftige ich mich intensiv mit dem Thema „Mut". Mich treibt die Frage, welche Rolle „Mut" für gesellschaftlichen, organisatorischen und persönlichen Fortschritt einnimmt. Und da meine immer stärkere Überzeugung ist, dass mutiges Handeln eine Schlüsselrolle hat, versuche ich herauszubekommen, wie wir Mut stärken können. Da betreibe ich keine empirische Primärforschung, sondern führe Interviews, lese Ratgeber, wissenschaftliche Erläuterungen und ziehe die mutmachenden Methoden aus meinen Fortbildungen und Trainings. In vielen Gesprächen finde ich heraus, was Mut für Menschen bedeutet, wie Führungskräfte ihn nutzen und wie sie ihn fördern. In Gesprächen mit CEOs, mit Selbständigen und mit Politiker*innen sind wir meist miteinander beeindruckt, wie Mut den Lebensweg formt, wir ihm ganz große Chancen und Weichenstellungen verdanken. Ob es das „Du, ich finde dich gut" an den Grundschulschwarm, ein „ich mache das jetzt" für die Bewerbung um die CEO-Rolle, oder um das Mutterwerden geht: – ohne Mut hätte es diese wunderbaren, erfüllenden, fordernden Geschehnisse danach nicht gegeben.

Einer meiner prägendsten Mut-Momente hatte massiven Einfluss auf meine Karriere.

Mal wieder verdrehten wir alle die Augen, sobald Ulrich Rehbein* den Raum verlassen hatte. „Dieses Micro-Management treibt mich in den Wahnsinn", sagt Dick, der Finanz-Direktor. „Wie kann man nur so viel austeilen, und so wenig fragen?", regt sich Kathrin auf. Und so weiter und so fort. Ulrich ist der Geschäftsführer unserer Geschäftseinheit, wir sind das weltweite Management-Team eines 1-Milliarde-€-Geschäfts. Er ist ein genialer Führer: strategisch, willensstark, immer mit dem richtigen Riecher für Chancen und Risiken und mit viel operativer Tiefe und unendlich viel Energie. Letztere trieben uns eher in den Wahnsinn bzw. in eine gewisse Frustration und Leistungsschwäche, da wir nicht das Gefühl hatten, dass er uns persönlich und/oder professionell voll vertraute. Gleichzeitig war Ulrich für mich ein genialer Chef: uneigennützig, engagiert, fordernd.

---

* Name geändert

Obwohl Ulrich mein Traumchef war, entschied ich mich, das Angebot einer anderen Firma anzunehmen und zu kündigen: aus professioneller Neugierde (dazu später mehr), Heimweh (wir waren seit sieben Jahren im Ausland unterwegs) und weil wir für unsere Kinder wieder ein stabileres Umfeld wollten. Mein willensstarker Chef lud mich also zum Abendessen ins schickste Restaurant der Stadt ein. Als ich ins Auto einstieg, meinte er nur: „Heute Abend werde ich dich überzeugen, dass du nicht kündigst". Ich entgegnete: „Heute Abend wirst du verstehen, dass ich kündige". Einige Stunden später hatte ich mein Ziel erreicht, er seins nicht. Plötzlich meinte Ulrich: „Da das ja nun geklärt ist – mich interessiert dein Feedback. Wie siehst Du meine Arbeit, mich als Führungskraft und was könnte ich besser machen?" Ich begann mit all seinen positiven Eigenschaften, das war einfach und sehr komfortabel für uns beide. Als ich damit „durch" war, nahm ich all meinen Mut zusammen. Ich dachte nur noch dran, wie viel besser Ulrich noch werden könnte, wenn er seine „blind spots" kennen würde. Und sicherlich konnte auch nichts wirklich schiefgehen, da ich sowieso kündigen würde. Also bot ich ihm anhand diverser Beispiele einen Spiegel seiner schwachen Verhaltensweisen. Immer wieder guckte er mich ungläubig an und sagte: „Ich kann nicht glauben, dass ich das so mache. Das ist doch völlig inakzeptabel." Am Schluss wunderte er sich nur noch, dass ich die erste war, die ihm diesen Spiegel angeboten hatte – und hat sich x-mal für meine Offenheit und meinen Mut bedankt.

Meine große Bewunderung für Ulrich wuchs an dem Abend nochmals – eine solche Größe und Selbstkritik hatte ich nicht erwartet. Und wie ging es weiter? Na ja, ich habe gekündigt, und Ulrich hat sich laut meiner Kollegen schon bemüht, sich zu verbessern. Aber ich war ja weg. Viele Jahre später klingelt mein Telefon im Büro. „Ja, hallo, hier ist Klaus Färber* von der Firma* in New York. Unser neuer CEO, Ulrich Rehbein, hat mir gesagt, ich soll sie finden. Für eine Aufgabe in Paris. Wären Sie zu einem Gespräch bereit?" Ja, das war ich. Mein aktueller Job hatte sich und mich vollständig erschöpft und mein Hunger nach einer nächsten Lernkurve war riesig. In Ulrichs Firma wurde ich Vice President für mein Fachgebiet in Europa und konnte im europäischen Führungsteam eine Schlüsselrolle einnehmen. Auch getragen von einer der berührendsten Aussagen eines Chefchefs, die ich je gehört habe: „I will always trust you". Mein Mut hat mich vertrauenswürdig gemacht. Auf Vertrauen kann man bauen.

MUT IST LERNBAR

„Mut ist die Kapazität, Angst zu überwinden, auch wenn dabei unangenehme, schmerzhafte oder schwer kalkulierbare Folgen auftreten können." In meinem Verständnis ist mutiges Verhalten lernbar. Ja, Mut ist keine Charaktereigenschaft.

Der Schlüssel zu mehr Mut in deinem Leben ist das Mut-lernen-wollen. Was passiert, wenn du lernst? Ganz simpel gesagt – du sorgst für neue Verknüpfungen in deinem Hirn und mit deinem Körper, die für neues Wissen, neue Fertigkeiten, neue Einstellungen sorgen. Und umso mehr du neue Verknüpfungen aufbaust und nutzt, desto besser und sicherer kannst du das neue Wissen nutzen, etwas Neues bewerkstelligen, dich anders verhalten, mit einer frischen Einstellung an das Leben gehen. So fasst es die Motivationsforscherin Brohm-Badry zusammen (Jule Lutteroth: Chef oder Grizzly. In: Spiegel Wissen, Ausgabe 1/2022, Seite 89): „Mut kann man lernen, indem positive Erfahrungen gemacht werden. Unser Gehirn lernt, wenn man eine Herausforderung gut bewältigt oder positive Erlebnisse mit Menschen hat und sich mit guten Dingen umgibt. Diese Erfahrungen sind der Schlüssel."

Und so wird mutiges Verhalten durch lauter „kleine" Mutproben immer einfacher: Denn wenn du dich mit dem Risiko vertraut machst, und neues Handeln lernst, hast du immer weniger und seltener Angst, für deren Überwindung du Mut aufwenden müsstest. Deswegen wird mit Menschen, die besonders hohe Risiken eingehen müssen, so unheimlich viel geübt, gedrillt, wiederholt. Ob im militärischen, gesundheitlichen, sicherheitsrelevanten Berufen: Situationen werden simuliert, Handlungen eintrainiert, damit Krisensituationen sich vertraut anfühlen, man Routinen nutzen kann und angstfrei agieren kann.

So funktioniert auch Training in der Zivilcourage: Ich übe kritische Situationen, probiere Verhaltensweisen aus, und wiederhole sie, bis sie vertraut sind. So dass ich die schwierigen Situationen klug erfasse und dann die richtigen Schritte unternehmen kann.

„Die Mutzone – von der Angst ins Handeln" (ab Seite 26) hier lernst du die Schritte, mit denen du deinen Mut für dich mobilisieren kannst. Du kannst deinen Mut nachhaltig stärken, indem du ...

- selbst-bewusst bist und klar hast, was du in deinem Leben willst (und was nicht);
- Angst wahrnimmst und nicht „wegdrückst";
- Fehler und Risiken realistisch einzuschätzen lernst;
- deinen wachsenden Mut wahrnimmst und schätzen lernst;
- viel übst, was dir schwerfällt /dir Angst macht;
- erlebst, dass auch andere Mut haben;
- Menschen bittest, dich in deinem „Mut lernen" zu unterstützen.

Und warum möchtest du Mut lernen? Weil manchmal das, was du wirklich, wirklich möchtest sich nicht in deiner Komfortzone befindet. Auf zu neuen Ufern ...

MUT – WOZU?

Mut mobilisierst du aus drei großen Gründen:

Mut für dich selbst: Du hast für dich persönliche Ziele und Sehnsüchte, bringst den Mut auf, diese anzugehen (z. B. ein sportliches Ziel, ein Auslandsaufenthalt, ein nächster Bildungsabschluss oder auch der Flirt mit Kim). Deine „Begehren" für deine Lebensgestaltung geben dir Kraft für den Mut.

Mut für „es": Du hast ein „Projekt", an das du glaubst und das du verwirklicht sehen möchtest. „Der Sog" dieser Idee motiviert dich, Mut zu finden.

Mut für andere: Du hast klare Vorstellungen, wie sich das Leben in deinem Umfeld, in unserer Gesellschaft gestalten soll – und wie nicht. Die vorrangige Motivation ist deine soziale, politische und gesellschaftliche Verantwortung.

In der Realität können sich diese Motivationen vermischen und überlappen und sind nicht trennscharf zu beobachten. Der Gründer eines Start-ups für eine bahnbrechende Heilungsmethode verwirklicht vielleicht gleichzeitig sehr progressive Vorstellungen zur Mitarbeitereinbindung und träumt gleichzeitig von dem Multi-Millionen-Payout beim Börsengang.

Ich weise auf diese drei Motivationen hin, weil sie alle legitime und notwendige Formen des Muts sind, jedoch in jedem von uns in unterschiedlichem Ausmaß ausgeprägt sind. Diese Unterscheidung kann dir helfen zu verstehen, welcher Mut dir leichtfällt und wo du vielleicht in Zukunft mehr Mut aufbringen möchtest.

UND NOCH EIN MUT-MACHER: NEUGIERDE

„Zwischen Mut, Übermut und Todesmut" lautet die Überschrift in einem Artikel „Am eigenen Leib" (Schmitt, Stefan: Am eigenen Leib. In: https://www.zeit.de/2018/29/wissenschaftliche-selbstversuche-geschichte [aufgerufen am 15. Juli 2018]) über wissenschaftliche Selbstversuche. Getrieben von wissenschaftlicher Neugierde haben Menschen Stiere auf sich zurasen lassen, einen Cocktail mit Gastritis-auslösenden Bakterien getrunken, sich von einer Mücke mit Gelbfieber infizieren oder einen mit Olivenöl eingeschmierten Gummischlauch von der Armvene bis zum Herzen schieben lassen. Letzteres führte zur Erfindung des Herzkatheters im Jahre 1929. Das sind nur ein paar mehr oder weniger schauerliche Beispiele, wozu Neugierde uns bringen kann: In der Komfortzone spielt sich hier gar nichts ab!

Neugierde bewegt uns in die Wachstumszone – und auch hier müssen Risiken abgewogen, Ressourcen mobilisiert werden. Wir überwinden Angst, indem wir unser Herz nach unserer Überzeugung fragen. So befriedigen wir unsere Neugierde mit mutigem Handeln. Wir lernen Neues, probieren Ungewohntes, entdecken Unbekanntes.

Mutter-sein ist für mich ein riesiges Neugierde-Projekt: Was passiert in der Schwangerschaft, wie ist eine Geburt, welcher Mensch kommt da zu uns und wie geht es dann weiter? Wie fühlt sich Mutterliebe an, wie entwickelt die sich? So unendlich spannend, überraschend, schwierig und schön. Das schönste Abenteuer meines Lebens, das einfach immer weiter geht.

In meiner Arbeit treibt mich die Neugierde. Ich habe Unternehmen verlassen, weil alles für mich zu vertraut und bekannt war. Fünf Jahre nachdem ich Procter & Gamble den Rücken gekehrt hatte, kam es zu einem wunderbar melancholischen Abendessen mit meinen wichtigsten Kolleginnen – und die Gesprächsthemen waren dieselben wie das halbe Jahrzehnt zuvor. Da wusste ich, ich hatte den richtigen Schritt gemacht.

Was sind deine Neugierden, für die du deinen Mut mobilisieren möchtest?

Mutiges Handeln formt dein Leben, mit **Mut kannst du Weichen stellen**. Mut ist keine Charaktereigenschaft, mit der du geboren bist. Du kannst **mutiges Handeln bewusst aktivieren** und die Motivation hierfür kann ein **persönliches Ziel** sein, ein dir **wichtiges Projekt** oder eine **Verantwortung,** die du erfüllen möchtest. Außerdem ist die pure Neugierde, das „wissen-wollen" oft ein Mutmacher.

WAS SIND WESENTLICHE MUTFRESSER?

So sehr wir Mut üben, aufbauen und stärken können, so verletzlich ist er auch. Es gibt Umstände, die unseren Mut schwächen. Jede*r kann sich vorstellen, dass z. B. in Zeiten von politischer Unterdrückung Menschen sich weniger trauen, ihre politische Meinung zu artikulieren – das Risiko wird als zu groß empfunden. Und viele von uns haben schon erlebt, wie ein tyrannischer Chef jedes offene Gespräch, den Austausch von Ideen und Einbringen verschiedener Meinungen unterdrückte.

1. Du fühlst dich **isoliert und einsam.** Misstrauen, Herabsetzungen bis hin zu Demütigungen dominieren. Wenn die Verbindung zu anderen fehlt, bist du weniger mutig. Es fehlt das vertrauensvolle Gespräch, mit dem du das tiefere Verständnis der Situation erlangst und mit dem du Handlungsoptionen abwägst. Die Wertschätzung, das „Gesehen werden" fehlen, und das unterhöhlt den Mut. Fehlende Verbindung heißt auch weniger Unterstützung und Stärkung durch andere.

2. Dein **innerer Kompass dreht durch:** Gesundheitliche, persönliche oder berufliche Krisen, massiver, andauernder negativer Stress können einen durcheinanderbringen. Was ist dir wichtig, was brauchst du, wann geht es dir gut, was willst du? Wenn dir diese Antworten fehlen, ist es schwer, deinen Mut zu mobilisieren – der braucht deine Orientierung und Klarheit.

3. Die **Situation ist unübersichtlich.** Widersprüchliche Anforderungen und Ziele, wechselnde Strategien in deinem Umfeld, dein Erleben und was andere sagen, passen überhaupt nicht zusammen: Es ist zu schwer, das „Gelände" für deine Mut-Schritte zu verstehen.

4. **„Stahlbeton-Umfeld":** Ob im Beruf oder privat – wenn du nur von Menschen umgeben bist, die sich gut fühlen, wenn sich nichts verändert, und sogar aggressiv auf Veränderung reagieren, dann wird es schwierig mit dem Mut. Deine Bedürfnisse nach Wachstum und Veränderung, und der Mut, den du hierfür aufbringst, bedroht in der Wahrnehmung dieser Menschen ihre Bedürfnisse nach Stabilität, Sicherheit, Vertrautheit.

5. **Menschen, die dir Angst machen.** Dies sind oft Menschen, die auf dem Spektrum eine starke Ausprägung Richtung narzisstische Störung haben. Bei diesen Menschen ist „Bewunderung" die Währung der menschlichen Beziehung. Deswegen gibt es das schöne Sprichwort „Gott verzeiht, ein Narzisst nie." Das macht dir vielleicht Angst?

Was tun?

WENN MISSTRAUEN UND HERABSETZUNG DOMINIEREN

Wir sind so intelligent, weil es schwierig ist.
Es ist nicht schwierig, weil wir intelligent sind.
Autor*in – leider unbekannt.

Es war wieder ein langer Arbeitstag gewesen. Viel zu tun, viel emotional-politische Anstrengung im Konzerngefüge, wieder mal hat mein Chef unseren Jour-fixe verschoben, auf den ich seit Wochen (oder sind es schon Monate?) warte. Ich freue mich wie ein Kind auf die abendliche Verabredung mit einer befreundeten Kollegin, auf das gemeinsame Entspannungsgemeckere (siehe Seite 121), auf Hinweise, wie ich im Konzern gesehen werde, auf Bestätigung bezüglich meines Standings. Da kommt ihre Nachricht, kurz vor unserer Verabredung: „Ich schaffe es heute nicht, muss unseren Termin absagen." Als ich zu Hause bin, erwischt es mich: Ich bin unendlich traurig, weine, Angst überwältigt mich. Ich fühle mich bedroht von undurchschaubaren Machtspielen, von meinem manipulativen Chef, von eifersüchtigen Kollegen, die in meinen Augen merkwürdige Intrigen spinnen. Die Absage der Freundin trifft mich ins Mark. Später rufe ich Oliver, meinen Mann, an. Wir haben ein gutes Gespräch und ich kann mich etwas beruhigen. Und diese Episode zeigt mir, dass ich mehr auf mich achtgeben muss, und vor allem mehr Zeit mit Menschen verbringen will, denen ich vertraue und mit denen ich mich verbunden fühle.

Isolation, Zurückweisung, Demütigung ist für uns Menschen angstauslösend. Die menschlichen Bedürfnisse nach Vertrauen, Akzeptanz und Zugehörigkeit sind universal und treiben unser Verhalten an.

Ein Gefühl der stetigen Herabsetzung ist extrem belastend – auch soziale Akzeptanz ist ein menschliches Grundbedürfnis, ein „Triebziel" (Bauer, Joachim: Schmerzgrenze, Heyne Verlag, München, Taschenbucherstausgabe 2013, Seite 35 ff) und seine Verletzung belastet uns sehr. Inzwischen haben Hirnforscher festgestellt, dass unser Hirn soziale Ausgrenzung, Zurückweisung, Verachtung und Demütigung als Schmerz empfindet, ähnlich wie körperlichen Schmerz (siehe Bauer, ebd). All solche Erfahrungen sind angstauslösend und können dich lähmen oder auch aggressiv machen. Du willst dich wehren und fängst vielleicht an, das ausgrenzende Verhalten zu spiegeln, zu kopieren. „Wie du mir, so ich dir!" Und ich kann sagen, dass auch ich den Gedanken oft genug hatte – und behaupte, dass ich diesem Drang nur selten nachgegeben habe, weil da meine Werte ein Wörtchen mitzureden hatten.

Im Coaching ist das Erleben von Isolation und Distanz sehr oft Thema. Abweisende Vorgesetzte, auseinanderdriftende Zielsetzungen innerhalb der Organisation, ein paar Personen, die sich egoistisch verhalten – und schon sitzt man im Schlamassel.

Wie setzt du diese Mutfresser auf Diät?

1. Du gibst ihm kein Selbstzweifel-Futter. Wenn du unter Ausgrenzung leidest, ist nichts verkehrt mit dir. Dein Bedürfnis nach Verbindung, Anerkennung, Offenheit, Freundlichkeit ist uneingeschränkt okay. Du bist ein Mensch.

2. Du schaffst dir Verbindung und Freundschaft. Aktiv gehst du auf Menschen zu, findest Gemeinsamkeiten, bist freundlich und verbindend. Falls das in deiner Arbeit nicht geht, weil Jahre schlechter Führung Misstrauen, Intrigen und Egoismen blühen lassen haben, dann verschaffst du dir das außerhalb der Arbeit.

3. Wenn das geht, übernimmst du mehr und mehr Verantwortung, führst so, dass diese Mutfresser immer weniger Macht und Einfluss haben. Wie du eine Organisation mutiger machen kannst, besprechen wir im zweiten Teil des Buches.

DEINEN INNEREN KOMPASS STABILISIEREN

Wenn dein innerer Kompass durchdreht, ist der Weg aus der Angst schwierig. Und sobald du das merkst, hast du ja schon den ersten Schritt hin zum Mut gemacht. Wie kannst du deinen inneren Kompass wieder mobilisieren?

Meine erste Frage ist immer: schläfst du genug? Zweite Frage: wann hattest du das letzte Mal eine richtige Pause, mindestens zwei Tage, und wann zuletzt mehr als eine Woche zum Ausruhen, Abschalten, Runterkommen? Weißt du, wie viel Schlaf du brauchst? Und wie oft Pause? Wenn Schlaf und Pause seit langem nicht reichen, frisst das Kraft und damit Mut. Mobilisiere alles, was du kannst, um genug Schlaf zu bekommen und immer wieder Pause zu machen.

Unter Umständen kommt dein innerer Kompass mit genug Schlaf und Pausen wieder ins Lot.

Schau dir das „Zukunfts-Camp" an (Seite 44), um Orientierung für die Zukunft zu finden. Vielleicht brauchst du erst den Abschluss mit einer belastenden Geschichte, bevor du Kraft für Neues hast – „Akzeptanz, Verzeihen und Selbstliebe" ist das Kapitel für dich (Seite 55).

DIE SITUATION IST UNÜBERSICHTLICH

Klar, die Diät für die Unübersichtlichkeit ist Übersichtlichkeit. Fakten sammeln (siehe Kapitel „Realitäten wahrnehmen) (Seite 33), mit anderen die Lage einschätzen, Fragen stellen – das alles kann dir helfen, das Gelände zu erforschen und die Trittsteine für deine Mutschritte zu finden. Finde Verbündete, die dir helfen, dich zu orientieren (siehe „Verbündete finden und aktivieren") (Seite 83). Sortiere die Informationen und die Gedanken, die du dir machst, so dass du Sicherheit gewinnen kannst und deine Angst überwindest.

Und: Es gibt Situationen, in denen du akut keine Übersichtlichkeit herstellen kannst. Das ist dann „Chaos". Die ersten Wochen einer Pandemie. Hochwasser in deinem Tal, in deiner Stadt. Cyber-Angriff auf deine Firma. Ein ganz plötzlicher Todesfall in deiner Familie. Du befindest dich im Chaos, handelst „auf Sicht". Das ist eine Unübersichtlichkeit, in der du dir bewusst sein willst, dass du nicht viel weißt, nur akut reagieren kannst und keine großen Schritte möglich sind, bis sich die Lage geklärt hat. In einer chaotischen Situation ist Mut – aus der Komfortzone heraustreten und sich in die Lernzone bewegen – nicht immer erste Wahl. Da alles um dich herum in Bewegung ist und sich mit Höchstgeschwindigkeit ändert, ist Abwarten bzw. „Fahren auf Sicht" manchmal die bessere Option. Deine Informationslage ist schlecht, und du kennst die Handlungsoptionen gar nicht. Schnelle, „große" Entscheidungen können dir da auf die Füße fallen.

Ich betone das hier, weil ich – gefühlt – in den letzten zwei Jahren mehr chaotische Situationen erlebt habe als in den zwanzig Jahren zuvor. Und ich erwarte, dass das so bleibt, oder – dank der Klima-Katastrophe – sich noch verstärken wird.

„STAHLBETON-UMFELD"

Kannst du so einen Mutfresser auf Diät setzen? Mein heißester Tipp: Entziehe dich selbst einem solchen Umfeld, geh' woanders hin.

Sich verändern tut weh, wachsen tut weh. Und nichts ist unerträglicher, als dort festzustecken, wo du nicht hingehörst. Wenn du in einer Situation gelandet bist, in der du dich nicht am richtigen Platz fühlst, und auf deine Impulse hin zu Veränderung immer wieder ablehnend reagiert wird, dann achte gut auf dich – und behalte den Respekt für die anderen. Mach' verständnisvolle Angebote (siehe Abschnitte „Dein Mut und die anderen, vor allem „Chancen sehen statt in Dramen quälen" (Seite 58) und das Kapitel „Verbündete finden und aktivieren" (Seite 83) und nimm' keine Reaktion persönlich.

Wenn du in der Situation bleiben willst oder musst, stelle dich auf eine lange Reise der Geduld ein, an deren Ende Erfolg stehen kann.

Ob im Beruf oder privat – wenn du nur von Menschen umgeben bist, die sich gut fühlen, wenn sich nichts verändert, und sogar aggressiv auf Veränderung reagieren, dann wird es schwierig mit dem Mut. Weil Mut Wachstum und Veränderung bietet, werden die Menschen dich bremsen.

MENSCHEN, DIE ANGST AUSLÖSEN

„So wie es Spielverderber gibt, gibt es Mutvernichter.
Finde Menschen, die deinen Mut füttern. "

Florence Guesnet

Es ist unsere erste Coaching-Session. Frau Ganem* schildert ihre Arbeitssituation. Sie ist stolz über ihre Beförderung vor anderthalb Jahren. Sie hat hart und lang für diesen Schritt gearbeitet, ist verantwortlich für den Aufbau eines Vertriebs, der viele Millionen Umsatz zum Konzern hinzufügen soll. Nun gibt es viele Probleme in der neuen Aufgabe, sie sucht neue Wege und Verhaltensweisen. Sie ist sich noch nicht sicher, was sie mit mir teilen möchte. Sie zögert, was sie erzählen darf und will. Umso mehr sie mir vertraut, desto aufgewühlter berichtet sie von ihrem Chef. Tränen fließen: „Er brüllt. Er hat mich angeschrien. So etwas habe ich noch nie erlebt. Noch nie! Und es passiert immer wieder." Frau Ganem hat Angst vor ihrem Chef, weil er sie anschreit (und anscheinend nicht nur sie, das ist aber eine andere Geschichte), ihr Fehler und schlechtes Arbeiten vorwirft. Wir besprechen, wie sich sein Schreien und ihre Angst auswirken. Schlaflose Nächte hat es gegeben. In einem Telefonat mit ihm hat sie aufgelegt, weil er wieder so geschrien hat. Sie sagt mir: „Das hätte ich nie tun dürfen". Nicht: „Er hätte niemals so schreien dürfen, da habe ich aufgelegt, das lasse ich mir nicht gefallen."

Und – sie passt ihr ganzes Verhalten so an, dass sie ihm möglichst keinen Anlass gibt, loszubrüllen. Überlegt, wie sie was sagen kann, darf, soll, muss. Sie managt innerlich fast nur noch die Schreierei ihres Vorgesetzten. Mit unglaublicher Disziplin und Willenskraft gelingt es ihr, trotzdem ihre eigentlichen Aufgaben zu erfüllen. Sie ist erschöpft, frustriert und – mutlos.

Was ist wichtig im Umgang mit Menschen, die uns einschüchtern und manipulieren (wollen)?

―――

* Name geändert

Wie bereits beschrieben, handelt es sich hierbei oft um Menschen, die auf dem narzisstischen Spektrum eine starke Ausprägung Richtung narzisstische Störung haben. Solange du sie bewunderst, sie umschmeichelst und nach ihrer Pfeife tanzt, ist alles „okay". Narzisstische Menschen möchten immer als Sieger dastehen, wollen andere in Abhängigkeit sehen und beziehen alles, was um sie herum geschieht, auf sich.

Du wirst diese Menschen nicht ändern. Was auch immer ihre Geschichte und Beweggründe sind, in deiner Hand hast du nur deine Reaktion auf das Verhalten.

Dein Ziel muss es sein, den/die Narzissten nicht mit deinen Gefühlen zu füttern. Von deiner Angst, Verunsicherung, Sorgen „lebt er/leben sie".

Die Antwort, die du immer wieder geben kannst, wenn dieser Mensch dich angreift:
„Wenn du das so siehst/wenn Sie das so sehen."
„Wenn das deine Sicht ist/wenn das Ihre Sicht ist."

Und das war's. Keine weitere Rechtfertigung, Erläuterung, Debatte. Mit diesen Menschen teilst du nicht **deine** Gefühle, Wünsche und Belastungen. Die benutzt er sowieso nur für den nächsten Manipulationsschritt. Wenn du ihn nicht mit Futter für diesen nächsten Schlag versorgst, verliert er unter Umständen das Interesse an den Gesprächen mit dir. Und du hast deine Energie gut gemanagt, weil du nichts von dir preisgibst mit: „Wenn du das so siehst".

Diese Mutfresser!

Es gibt Umstände, die wie **Mutfresser** wirken. Wenn du dich **isoliert** fühlst, du dich in einer sehr **unübersichtlichen Situation** siehst, dir die **innere Klarheit fehlt,** dann kann sich jeder Schritt sehr schwierig anfühlen. Auch wenn du von Menschen umgeben bist, die nichts ändern wollen oder dich sogar aktiv manipulieren oder bedrohen: das kann **lähmend wirken.** Vielleicht ist dein Mut gerade von solchen Umständen an- oder weggefressen.

Deine **eigenen Bedürfnisse** erkennen und ernstnehmen, zwischen dem unterscheiden, was du kurzfristig ändern kannst und was nicht, und dich von persönlichen Übergriffen **abgrenzen** – das alles kann deinen Mut stärken.

DIE MUTZONE – VON DER ANGST ZUM HANDELN

In vielen Trainings und der Erlebnispädagogik lernen wir das Konzept von der Komfort-, Wachstums- und Panikzone (siehe Illustration) kennen.

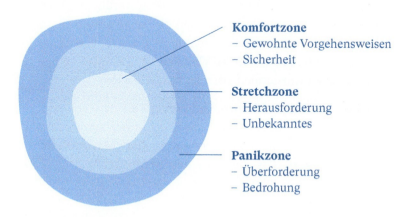

Komfortzone
– Gewohnte Vorgehensweisen
– Sicherheit

Stretchzone
– Herausforderung
– Unbekanntes

Panikzone
– Überforderung
– Bedrohung

Entnommen aus: https://wissensdialoge.de/dreizonenmodell/
[aufgerufen am 17.05.2022]

In der Komfortzone fühlen wir uns sicher, alles ist vertraut und oft wiederholt, wir kennen uns aus. Autofahren, unser Lieblingsgericht kochen, Einkaufen gehen ... Da fühlen wir uns wohl.

Sobald wir das Gewohnte, Vertraute verlassen, bewegen wir uns in der Wachstumszone – manchmal auch Lernzone oder Stretchzone (siehe Grafik oben) genannt. Dort eignen wir uns neue Fertigkeiten an, probieren neue Wege aus, machen ein Experiment. Abhängig von den Schwierigkeiten, der Komplexität und der Intensität dieses Lernens, klappt das – oder wir geraten in die Panikzone, in der wir gar nichts mehr lernen, weil wir nur noch überfordert sind und nichts mehr aufnehmen können. Das wäre wie die erste Autofahrstunde am Montagmorgen in Paris auf der Place Charles de Gaulle zu absolvieren statt nach Geschäftsschluss auf dem Cash & Carry-Parkplatz.

Dieses Modell ist anschaulich, nicht wahr? Und dennoch – mir ist es zu kurz gesprungen. Um aus der Komfortzone rauszukommen, braucht es oft genug eine eigenständige Anstrengung. Daher biete ich dir eine vierte Zone an: die Mutzone. Diese legt sich um die Komfortzone, drängelt sich vor die Wachstumszone, die ein bisschen später dran ist. Denn wirklich schwierige Entscheidungen treffe ich nicht in einem einzigen Schritt. Dein Mut befähigt dich, aus der Komfortzone in die Wachstumszone zu kommen. „Sei doch mal mutig!" ist leicht gesagt, aber schwerer getan. Bevor ich in die Wachstumszone gehe, brauche ich Mut, die Komfortzone definitiv zu verlassen – und das ist ein eigener Prozess, der manchmal nur wenige Sekunden oder Minuten dauert und sich bei manch großer Entscheidung auch Wochen oder Monate hinziehen kann. Deswegen spreche ich von der neuen „Mutzone".

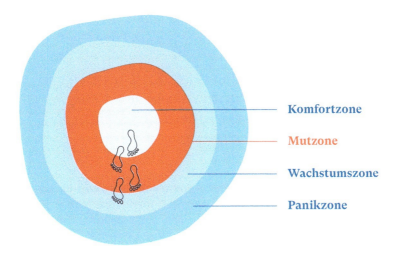

Komfortzone

Mutzone

Wachstumszone

Panikzone

In der Mutzone haben dir Bauch, Herz und Hirn viel zu sagen. Da findet regelrecht eine innere Verhandlung statt, und Du bist Verhandlungsführer*in.

ERSTER SCHRITT IN DIE MUTZONE: „ANGST-NEUGIERDE"

Der erste Schritt in die Mutzone ist die „Angst-Neugierde". Dein Bauch sagt dir mehr oder weniger deutlich: Ich habe Angst! Jetzt kannst du ihr einfach nachgeben und in der Komfortzone bleiben. Oder deinen Bauch neugierig befragen, was das für eine Angst ist, und sie so von einem körperlichen, instinktiven Signal in die bewusste und gesteuerte Betrachtung ziehen. Den Bauch hören, aber nicht auf ihn hören. Die Angst spüren, und diese dann unbedingt aus dem Instinkt in die reflektierende Betrachtung bringen.

Eine der mutigsten, stärksten und wichtigsten Menschen des 20. Jahrhunderts bringt diese Idee auf den Punkt. Nelson Mandela sagt:

„I learned that courage was not the absence of fear, but the triumph over it. The brave man is not he who does not feel afraid, but he who conquers that fear."

„Ich habe gelernt, dass Mut nicht die Abwesenheit von Angst bedeutet, sondern der Triumph über die Angst. Der mutige Mensch ist nicht der, der keine Angst spürt, sondern der, der diese überwindet."
(Übersetzung Autorin).

Die Verunsicherung und das Zögern wahrnehmen, betrachten, verstehen. Was passiert? Jegliche Bedrohung löst in unserem Hirn eine instinktive Reaktion aus. Hormone werden ausgeschüttet, alles ist in Alarmbereitschaft. Das Problem: Unser Hirn unterscheidet in dieser instinktiven Reaktion nicht zwischen wirklicher Lebensbedrohung (ein Säbelzahntiger pirscht sich an) und anderen emotional anstrengenden Auslösern (ein zorniger Chef, eine scharfe Bemerkung einer Kollegin). Wissenschaftler messen bei „harmlosen" Stressfaktoren die gleiche Reaktion wie bei „wirklich gefährlichen" Bedrohungen. Und wenn Angst regiert, regiert in unserem Hirn die Amygdala und braucht alle Hirnenergie. Unser bewusstes, überlegendes, abwägendes, analytisches Denkzentrum ist akut unterversorgt, weil unser Körper „denkt", es ginge gerade ums Überleben. Deswegen ist es so wichtig, die instinktive Angst in die bewusste Betrachtung zu bringen und so die unbewusst spontane Reaktion zu überwinden. Außer auf deinem Weg ist ein Grizzly-Bär. Dann mach' dich aus dem Staub, ruhig und rückwärts.

Für diese Angst-Neugierde ist vielleicht im Moment der Angst keine Energie da. Dann finde die Energie später, schau' dir die Situation nochmal an und erforsche, was die Angst ausgelöst hat. Vermeide dabei die Urteile über dich selbst, sondern versuche, genau zu verstehen, welches Ereignis, welcher Gedanke die Angst auslöst.

Für diese Erforschung deiner Angst legst du beide Hände auf deinen Bauch. Spür' in ihn hinein. Welche Bilder tauchen auf? Was hörst du? Was macht dein Körper, wenn du dir die Angst nochmal anschaust – was macht dein Herzschlag, wird dir heiß oder kalt, wo entsteht Spannung im Körper? Nimm' das alles wahr und bleibe neugierig. Du bist nicht die Angst – Angst ist da und will verstanden werden.

Unterscheide unbedingt zwischen den Ängsten, die „äußere" Geschehnisse in dir auslösen, und denen, die du „dir selbst machst". Was meine ich damit? Die Sorge über den Klimawandel, die Corona-Epidemie oder auch die schwierige Geschäftssituation in deiner Firma können Ängste auslösen. Wie wird die Zukunft aussehen, was kann ich tun, ist meine Familie sicher, geht die Firma vielleicht in eine Umstrukturierung? Ja, da machst du dir Sorgen, und die folgenden Schritte der Mutzone können dich ins Handeln bringen.

Die Sorgen, die du dir selbst machst, sind die eigenen Urteile, Fantasien, Geschichten, die du dir über die Welt und dir selbst erzählst. Sich Sorgen machen ist „wie Beten für das, was du nicht willst." Bei meinem Geschäftsaufbau arbeite ich immer wieder gegen die Angst, als Bittstellerin gesehen zu werden, als nervige Verkäuferin oder sogar als Versagerin, die Kunden hinterherlaufen muss, statt Nummern auf einer Warteliste zu vergeben.

Eine Dauerberieselung über LinkedIn und Anbieter-Newsletter oder auch Anekdoten von erfolgreicheren Kollegen füttern dann meine Geschichte, dass wirklich gute Berater „nie Akquise machen mussten" und ich wohl nicht wirklich gut bin. Diese Angst nehme ich bewusst wahr, sie ist Teil meiner Geschichte. Hilft mir aber nicht für die Zukunft. Deswegen arbeite ich mit mir und meinem Coach, um dieses starke innere Bild durch ein lebensdienlicheres zu ersetzen. „Innere" Ängste laden dich ein, sie zu überwinden und innere Freiheit aufzubauen.

„Angst klopfte an. Vertrauen öffnete.
Keiner war draußen. "

Aus dem chinesischen Kulturraum, Quelle unbekannt

ZWEITER SCHRITT:
HAND AUFS HERZ! DIE HOTLINE ZU DEINEN WÜNSCHEN

Mit diesem Verständnis für deine Angst gehst du den nächsten Schritt und befragst dein Herz. Immer wieder Hand aufs Herz legen, und in das Gespräch gehen:

- Was ist mir wirklich wichtig?
- Worauf bin ich neugierig?
- Was wünsche ich mir?
- Was soll sich ändern?
- Was will ich?

„Courage comes from commitment" – Mut kommt aus deiner Überzeugung. Du besprichst mit deinem Herzen, was dich aus der Komfortzone zieht. Leg' beide Hände auf deine Herzzone, spüre und höre, was dein Herz zur Sehnsucht zu sagen hat. Vielleicht spricht es mir dir über einen Wert, den du in der Komfortzone nicht (mehr) leben kannst. Oder über einen Wunsch, den du dir erfüllen möchtest, oder eine riesige, unwiderstehliche Neugierde. Spüre, wie groß diese Absicht in dir ist, ob sie die Angst überwinden kann. Das kannst du in Gedanken machen, noch besser in Gesprächen, oder aufgeschrieben, oder in einem Bild gemalt.

Diese Klärung – ob mit dir allein, einer vertrauten Person oder einem Coach – kann verblüffend eindeutig sein. Eva weiß plötzlich, dass sie kein zweites Kind möchte. Herr Becker, dass er überhaupt keine Lust auf Selbständigkeit hat, sondern die Klarheit der jetzigen Position klasse findet. Olivia kann mit den Händen auf dem Herz nur noch darüber sprechen, dass sie ein Buch schreiben will und alles andere diesem Anliegen unterordnen wird.

Selbst-Bewusstsein stärken

Ohne Werte, Prinzipien, Ziele, Überzeugungen – ohne ein klares Verständnis meines „Ichs" wird es sehr schwierig mit dem Mut. Es ist unser „Selbst"-Bewusstsein, das uns die Kraft gibt, ins Risiko zu gehen. Wenn uns alles egal ist, dann brauchen wir auch keinen Mut. Dann lassen wir uns herumschubsen und schauen zu, was so wird. Das ist die eine Option. Die andere Option ist, dir deiner selbst, deiner Träume und deiner Wünsche bewusst zu werden und mit anderen „in die Reibung" hierüber zu gehen. Und bald findest du deinen Mut, dich zu positionieren und Möglichkeiten zu finden. Wenn es dir schwerfällt, die eigenen Wünsche und Bedürfnisse wahrzunehmen, dann bist du – nicht allein! Viele Menschen wachsen im „Müssen", „Sollen" und „Nicht dürfen" auf und haben Mühe, eigene Wünsche und Ambitionen zu spüren. Schaff' dir Raum hierfür und finde es heraus – allein, mit einem oder einer Vertrauten, einem guten Coach. Auch das „Zukunfts-Camp" ab Seite 44 kannst du hierfür nutzen.

Was ist dir wichtig, wie möchtest du leben?

Wie stellst du dir dein Leben vor? Was tust du, mit wem? Was möchtest du in welcher Zeitspanne erreichen, welche Möglichkeiten möchtest du schaffen und nutzen? Was ist dir für dein Privatleben besonders wichtig, wie stellst du dir dein Berufsleben vor? Worauf bist du neugierig?

Die Antworten auf diese Fragen können dich in vielen großen und kleinen Entscheidungen leiten. Und umso besser und klarer du die Antworten kennst, desto schneller weiß dein Herz, ob Angst überwunden werden soll. „Courage comes from commitment"...

Deine Antworten kannst du auch niederschreiben, in einem persönlichen Manifest. In regelmäßigen Abständen kannst du schauen, was sich davon in deinem Leben wie manifestiert und wie es weitergehen kann. Ebenso was gut gelingt, was schwierig ist. Wo du „gescheitert" bist und wo du jetzt die Energien hinleiten möchtest.

Die Werte, die dich leiten

Dir deiner Werte bewusst zu werden, ist für Mut sehr wichtig. Denn wenn du deine Werte selbst verletzt oder sie von anderen verletzt werden, dann hast du ein echtes Problem. Und um das aktiv in deinem Sinne zu lösen, brauchst du Mut. Leider kenne ich nicht die Quelle für eines der besten Zitate, dass ich einmal nachts im Radio gehört habe: „Die Story beginnt da, wo alle Optionen deine Werte verletzen!". Wenn du dir deiner Werte bewusst bist, verstehst du sehr viel besser, warum du manche Situation oder Entscheidung vielleicht so anstrengend und schwierig findest oder als handfeste persönliche Krise (siehe Zitat). Du spürst, dass deine Werte „in Gefahr" sind, und das kann sehr verunsichern. Mut ist es, die Realität anzuerkennen und sich zu entscheiden, wie du weiter handelst und dafür auch die Verantwortung übernimmst.

In einem Seminar zu „Selbstführung" mit einer Gruppe Studierender steht das Thema „Werte" auf der Tagesordnung. Zu zweit und zu dritt reflektieren und diskutieren sie über ihre individuelle Auswahl. Als ich sie auffordere, wieder ins Plenum zu kommen, wollen alle mehr Zeit haben. Auch nach der Verlängerung kommen sie nur zögerlich zurück – so wichtig, so tiefgründig und spannend waren die Gespräche untereinander. Jede*r hat gespürt, dass Werte unser Handeln leiten, und uns ihre Verletzung wahnsinnig anstrengt.

Welche Werte sind für dich heute in deinem Handeln persönlich die wichtigsten? Wie triffst du schwierige Entscheidungen, welche Werte willst du erfüllen?

Schau', was dir Energie und Freude gibt – auch das hat höchstwahrscheinlich etwas mit deinen Werten zu tun. Ich empfehle, hier sehr wählerisch vorzugehen – also wirklich nur drei aufzuschreiben, die dein Verhalten und deine Gefühle am stärksten „treiben". Das heißt nicht, dass du die anderen Werte ablehnst oder verletzt – sie sind aber für dein Handeln nicht so wichtig wie die ersten drei. Wenn ich persönlich drei Werte auswähle, sind das „Vertrauen", „Kreativität" und „Nachhaltigkeit".

„Hand aufs Herz", der zweite Schritt in der Mutzone, kann also viel inneres Gespräch bedeuten. Das ist völlig okay – und umso öfter du in diese inneren Klärungen gehst, desto offensichtlicher werden deine Antworten zu dir kommen. Nun hast du also den zweiten Schritt getan – deine Überzeugungen sagen dir, dass du deine Angst überwinden möchtest? Und Chancen und Risiken sind noch etwas unüberschaubar, um dich zu entschließen?

Diese Fragen klären wir gerne im nächsten Kapitel, mit dem nächsten Schritt, die Realitäten wahrzunehmen.

DRITTER SCHRITT: REALITÄTEN WAHRNEHMEN!

Dann nutzt du jetzt all deine Sensoren und deinen Verstand: Welche wesentlichen Fakten möchtest du absichern, welche Optionen überprüfen, welche Szenarien durchspielen? Was ahnst du, wo hast du eine Intuition, gibt es schwache Signale für eine große Chance? Bei wichtigen Entscheidungen (Studium aufnehmen oder abbrechen, Stellenwechsel, Hauskauf, ins Ausland gehen ...) mit langfristigen Folgen gehst du in die gründliche Analyse, um für deine Entscheidung möglichst alle Informationen beisammen zu haben und zu entscheiden, wie du vorgehen kannst.

Mit wem kannst du mögliche Folgen besser verstehen?

Menschen, die einen ähnlichen Schritt wie du bereits vollzogen haben.
Menschen, die dich und deine Situation gut kennen.
Menschen, die von deiner Entscheidung betroffen sind.

Was weißt du bereits über mögliche Folgen deiner mutigen Handlung?

Finde die Fakten heraus und sei dir so sicher wie möglich, dass du nicht mit Annahmen arbeitest. Ob es um Zulassungsbedingungen für ein Studium geht, formale Anforderungen bei einer Stelle, Vorgehensweise der Personalabteilung bei einer offiziellen Beschwerde – umso mehr du weißt, desto klüger kannst du dein Vorgehen wählen. Und checken, welches Risiko du wirklich eingehen möchtest.

Wie können andere auf deine mutige Handlung reagieren?

Wenn du mögliche Reaktionen durchspielst, lass' dich nicht von Wunschdenken leiten, sondern spiele sehr positive bis sehr negative Reaktionen durch. V. a. von Menschen, die durch deine mutige Handlung sehr stark betroffen sind. Du willst auf die Vehemenz der Reaktion vorbereitet sein, und dich emotional und faktentechnisch wappnen.

Situationen evaluieren: kleine Szenario-Technik

Ich kann gar nicht zählen, wie oft ich in meinem Berufsleben den Satz gehört habe „He is going to kill me if I ..." – also „er bringt mich um, wenn ich ..." Bis heute zucke ich zusammen, wenn das jemand sagt. Ich finde diese Vorstellung schrecklich und ich finde auch das Bild für jedwede berufliche Situation gänzlich unangemessen. Solange du nicht in einer Terrororganisation oder bei der Cosa Nostra unterwegs bist, führst du dich mit diesem Satz massiv in die Irre und in ein emotionales Panikland. Geh' da nicht hin. Pflücke das Risiko auseinander – das, womit deine Chefin droht, wird sie vielleicht nicht in die Tat umsetzen. Und was sie dann in die Tat umsetzt, hat vielleicht einen sehr viel kleineren Effekt auf dein Leben, als du zu Beginn befürchtet hast: „Sich Sorgen machen ist wie Beten für das, was du nicht möchtest."

Das sieht etwa so aus:

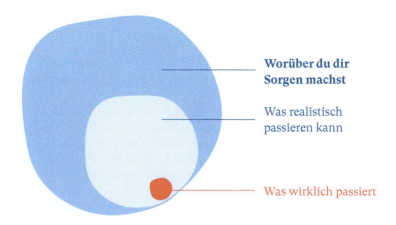

Worüber du dir Sorgen machst

Was realistisch passieren kann

Was wirklich passiert

Bevor du dir von dem innerlich ausgemalten schlimmstmöglichen Ausgang den Mut nehmen lässt: Hier eine kleine Hilfe für eine realistische Einschätzung. Wem das zu mechanisch ist, kann diesen Exkurs überspringen. Wer Spaß am Auseinanderpflücken hat, bitte schön:

Mut-Szenario:

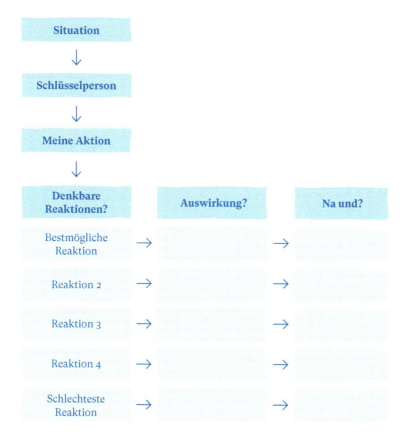

Ganz wichtig ist die letzte Frage: Wie interpretierst du eine bestimmte Auswirkung für dich? Und ist das ein guter Grund, die Aktion nicht durchzuführen? Das ist ein guter Weg, sich selbst gegenüber ehrlich zu sein. So sah das Mut-Szenario bei mir aus, nachdem ich ein bereits abgetipptes Interview für die endgültige Freigabe zur Veröffentlichung vier (!) Monate lang habe rumliegen lassen:

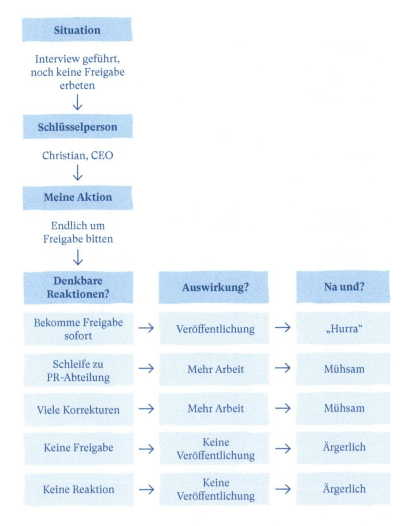

Denkbare Reaktionen?		**Auswirkung?**		**Na und?**
Bekomme Freigabe sofort	→	Veröffentlichung	→	„Hurra"
Schleife zu PR-Abteilung	→	Mehr Arbeit	→	Mühsam
Viele Korrekturen	→	Mehr Arbeit	→	Mühsam
Keine Freigabe	→	Keine Veröffentlichung	→	Ärgerlich
Keine Reaktion	→	Keine Veröffentlichung	→	Ärgerlich

Und das war das Schema, wenn ich nicht den Mut finde, so spät um die Freigabe zu bitten:

Mein Fazit:

1. Ob es schon zu spät ist und der Interviewpartner sowieso sauer ist weil es so lange gedauert hat – meine Chance, das rauszufinden, ist das Interview zu schicken und darauf zu hoffen, dass es ihm wirklich egal ist und er sich freut, wieder von mir zu hören.

2. Wenn ich nichts tue, ärgere ich mich, und wenn er absagt oder nicht reagiert, auch. Und dann wird es nicht veröffentlicht. Das gleiche Ergebnis wie beim Nichtstun – nicht schlechter. Also dann lieber was tun, schlechter kann es nicht werden und ...

3. Ich muss vielleicht mehr Arbeit reinstecken, als ich gerne möchte, und es kommt zur Veröffentlichung. Also los geht's.

Und bei den „Na und?"-Optionen durfte ich mir meine Eitelkeit (wie, ich erhalte keine Antwort?) und meine Unlust, mich um die letzten Feinheiten zu kümmern, anschauen. Meine Überzeugung, mit vielen Menschen über das Thema „Mut" ins Gespräch kommen zu wollen, hat mich in die Bewegung gebracht: Habe das Interview geschickt, habe prompt die Freigabe und eine nette Mail erhalten und alles ist gut. All das innere Hin und Her will ich mir das nächste Mal sparen.

Diese Szenario-Technik ist wieder ein Hilfsmittel, der spontanen Angst ein Schnippchen zu schlagen, in die bewusste Reflektion zu gehen und so die Komfortzone zu verlassen.

DER VIERTE SCHRITT: DER ENTSCHLUSS

Letztendlich aus der Mischung von Verstand, Bauch und Herz wirst du dich entschließen, deine Angst zu überwinden und den mutigen Weg zu gehen.

Du spürst deinen drei Schritten nach:

Wie groß ist die Angst, welche Geschichte über die Welt, über dich selbst erzählt sie dir? Ist sie klug und beschützt dich? Oder ist sie dumm, folgt alten Mustern und macht dich klein?

Was sagt dir dein Herz über deine Wünsche, deine Wichtigkeiten, deine Neugierden? Was gibt dir richtig viel Energie, lässt deine Augen leuchten?

Was hat dir dein Kopf geliefert? An Fakten, Einsichten, Abwägungen? Findest du einen klugen Weg?

> *„Macht, richtig verstanden, ist nichts anderes als die Kapazität, den Zweck* zu erfüllen... Macht ist nicht verkehrt, wenn sie richtig genutzt wird... Eines der großen Probleme der Geschichtsschreibung ist, dass Liebe und Macht üblicherweise als polare Gegensätze dargestellt werden. Da wird Liebe als Verzicht auf Macht und Macht als Leugnung von Liebe dargestellt. Was wir brauchen, ist die Erkenntnis, dass Macht ohne Liebe rücksichtslos und missbräuchlich ist und Liebe ohne Macht sentimental und blutleer.*

Martin Luther King
(zitiert nach Alan Seale, Create a world that works, übersetzt von der Autorin)

*im Original heißt es „purpose", hier mit Zweck übersetzt. Wobei „purpose" m. E. eine Mischung von Zweck, Sinn und Absicht ist. Noch kein passendes deutsches Wort entdeckt.

Was ist deine Macht, deine Power? Wenn Mut die Überwindung von Angst ist, dann ist es gut zu wissen, was dich ins mutige Handeln bringt.

Wir waren bereits in der zweiten Videokonferenz mit Magnus*. Magnus, Landes-Chef einer riesigen operativen Einheit, war stinksauer auf meine Mitarbeiterin – Claudia* – und mich. Er warf uns vor, ihn bei der Entscheidung über eine Produkteinführung in die Irre geleitet zu haben. Claudias Interpretation einer Vorstudie hätte ihm versprochen, dass die Einführung funktionieren wird, also mehr profitablen Umsatz in seine Kassen spülen würde. Fakt war nun ein Jahr nach Einführung: Das Ding war ein Flop. Und genau davor hatten wir auch in unserer Zusammenfassung der Studie gewarnt. Wieso war er dann so sauer auf uns? Eigentlich war er sauer auf meinen Chef – der hatte ihn regelrecht gezwungen, das Produkt einzuführen. Den wollte er nicht direkt angehen, also dann lieber den Verdruss an der Leiterin der Marktforschung auslassen und deren Position schwächen. Und er wollte einen Schuldigen für seine schlechten Zahlen finden, da ist doch Irreführung durch die Zentrale ein großartiges Argument! Dazu sei vielleicht noch gesagt – Magnus war nicht nur Chef einer riesigen Landesgesellschaft, sondern auch einer der einflussreichsten Personen auf der zweiten Führungsebene, mit einem heißen Draht zum Chef des Unternehmens.

Was war jetzt meine Angst, und was meine „Power", um mutig zu sein? Bei dir löst diese Konstellation vielleicht keine Ängste aus, oder ganz andere als meine:

1. Ich habe einen Fehler gemacht
   (falsche Interpretation der Studie durchgehen lassen).
2. Meine Mitarbeiterin fühlt sich alleingelassen.
3. Magnus greift meine Abteilung an, und wir verlieren
   Glaubwürdigkeit.
4. Ich mache mir Magnus zum Feind, wenn ich ihm nicht recht gebe.

Shit. Nicht schön. Wo ist jetzt meine Power?

---

* Name geändert

Als erstes ziehe ich Kraft aus meiner Mission bei der Firma – und die ist es, Fakten und nicht Meinungen als Entscheidungsgrundlage zu respektieren. Diese Rolle meiner Abteilung will ich verteidigen, weil sie die Grundlage unserer Arbeit ist.

Als zweites ziehe ich Kraft aus dem Führungsprinzip „Vertrauen schaffen und schützen": Claudias Interpretation der Studie hatte vor einem Jahr meine Rückendeckung. Und auch jetzt, wenn ein einflussreicher Mensch richtig Druck macht.

Als drittes ziehe ich Kraft aus meiner analytischen Kompetenz – ich gucke mir die Studie, alle Kennzahlen und unsere Interpretation noch mal an, und stelle für mich sicher, dass wir methodisch sauber argumentieren.

Und meine vierte Kraft ist mein Rebellentum. Ich knicke nicht gerne ein, vor allem nicht, wenn es jemand erwartet, weil er weiß, dass ich als „Neuzugang" in der Firma schlechtere Karten habe als er. Genau dann nicht.

Angesichts der Ängste und meiner Power habe ich den Konflikt durchgestanden. Habe mich vor Claudia gestellt und den schwarzen Peter zurückgeschoben. Claudia hatte damit nicht gerechnet und begann, mir zu vertrauen. Magnus blieb sauer auf mich, das nahm ich in Kauf, weil ich auf lange Sicht die Faktentreue für wichtiger hielt als Rücken mächtiger Menschen zu kraulen.

Auch du hast viel Power. Das können Bildungsabschlüsse sein, dein Lieblingsmensch, dein Netzwerk, deine Rhetorik, deine Resilienz, deine Empathie – erstelle deine ganz persönliche Power-Liste. Mache dir bewusst, wie viel Power du hast und mobilisieren kannst. Die Liste kannst du hervorholen, wenn du in der Mutzone zwischen Analyse und Entschluss hängst, und dich vergewissern willst, wie du bisher immer wieder gewachsen bist, und was du jetzt nutzen kannst.

Nun entschließt du dich, und bist gespannt auf das, was kommen wird.

DER FÜNFTE SCHRITT: DER MAGISCHE MOMENT

Der magische Moment, in dem du es tust. Den Scheck unterschreibst, das Ticket buchst, aufstehst und "Nein" sagst. Das Herz schlägt schnell, die Aufregung ist immens und du überwindest die Angst. Einfach geil.

So, und jetzt bist du in der Wachstumszone – deine Entscheidung manifestiert sich in deinem Leben. Und du kannst feststellen, welche deiner Phantasien wahr werden, und ob es vielleicht ganz anders ist, als du je gedacht hast.

Nicht nur das – mit dem Schritt in die Wachstumszone und dem oft eintretenden Erlebnis von Lernen und Erfolg wächst deine Komfortzone. Als du das erste Mal hinter dem Steuer gesessen hast, konntest du dir vielleicht gar nicht vorstellen, mal mit mehr als 120km/h über die Autobahn zu fahren und bei 160km/h hattest du Angst. Und heute? Verbindest du diese Geschwindigkeiten weder mit Angst noch mit Mut, das ist alles in der Komfortzone. Dieses Beispiel kannst du auf alle Lebensbereiche übertragen:

Für uns persönlich, für die Menschen um uns rum, für die Projekte, bei denen wir uns einsetzen: Wann immer wir Mut suchen, sind wir auf dem Weg der Veränderung und des Wachstums. Natürlich kann unser Mut zu einem anderen Ergebnis führen, als wir erhofft haben. Wir haben bei einem Wettbewerb nicht den ersten Platz gemacht, die Traumstelle ist an jemand anderen gegangen oder wir sind beim Sprung vom 5-Meter-Brett doch auf dem Bauch gelandet. Aua. Und in den meisten Fällen war es das auch: wir sind um eine (vielleicht schmerzhafte) Erfahrung reicher.

Denn das ist die andere Seite der Medaille – ohne angemessene Reflektion und Verständnis der Situation kann Mut naiv sein, wie Peter Ustinov beschreibt: „Mut ist oft Mangel an Einsicht, während Feigheit nicht selten auf guten Informationen beruht." Also, den Weg von der Komfortzone in die Wachstumszone gehen wir bewusst, reflektiert und mit einem gesunden Sinn für unangenehme Folgen.

Nicht jedes Verharren in der Komfortzone ist einem Mangel an Mut geschuldet. Sondern der Tatsache, dass diese Zone eben komfortabel ist. Und das ist schön, das wollen wir genießen und uns gegenseitig gönnen. Ich bin im Rheinland aufgewachsen, und der schönste Glaubenssatz zu diesem Thema ist „Man muss auch jönne könne". Dieses Buch unterstützt dich, wenn das Verharren in der Komfortzone nicht mehr lebensdienlich ist, die Kompromisse schmerzen, die verpassten Chancen zu Verbitterung führen können oder uns Verletzungen aushöhlen.

Die Mutzone durchschreiten

Angst wahrnehmen, deine Überzeugung mobilisieren, Realitäten wahrnehmen, dich entschließen und dann mutig handeln. So geht Mut. **Mut ist keine Charakterfrage, sondern eine Kompetenz.**

Mutiges Handeln mobilisierst du in fünf Schritten:

1. **Angst ist das Startsignal** für die innere Neugierde: was sagt mir dieses Bauchgefühl, was will ich damit machen?
2. Deine Überzeugung findest du mit **„Hand aufs Herz"**: du entscheidest, was dir wirklich wichtig ist, wofür du ins Risiko gehen möchtest.
3. Die Situation **analysieren**, Fakten checken, verschiedene Blickwinkel einnehmen: der Kopf betrachtet Chancen, Risiken, die Fakten und erarbeitet kluge mutige Schritte.
4. Im Entschluss führst du Bauch (die Angst), Herz (die Überzeugung) und Kopf (Realitäten wahrnehmen) zusammen und wählst deinen nächsten Schritt.
5. Im magischen Moment passiert es dann – Du springst, du unterscheibst, du sagst, was schon lange gesagt werden musste, du tust, was du schon lange tun wolltest.

DEIN ZUKUNFTS-CAMP

Beim zweiten Schritt in der Mutzone habe ich dich eingeladen, dein Selbst-Bewusstein zu stärken. Hier ist jetzt dein Zukunfts-Camp, indem du reflektieren, deine Wünsche entdecken und Chancen erkennen kannst.

Nimm dir deinen Kalender und finde mindestens drei Stunden Zeit für ein Treffen mit deiner gewünschten Zukunft. Am besten hast du einen Puffer nach hinten, vielleicht ist das Treffen so spannend, dass du länger bleiben möchtest. Bereite das Treffen sorgfältig vor – es ist wichtig! Sorge dafür, dass du ungestört bist. Wenn du ein visueller Mensch bist, halte Stifte und Farben, großes Papier, Material für eine Collage bereit. Wenn Musik dein Medium ist, lasse dich von Musik begleiten.

Nun male dir deine gewünschte Zukunft aus. Welchen Zeitraum du wählst, ist dir überlassen – lass' es mindestens ein Jahr sein, eher fünf oder zehn Jahre. Besprich mit deiner Zukunft, wie dein gewünschtes Leben dann aussieht. Hier sind Aspekte, die du betrachten kannst. Die Ergebnisse der vorherigen Übung kannst du so wie es für dich passt, einfügen.

Bei den Fragen „Was ich möglich mache" und „Die Welt braucht mich für ..." drücke ich aus, dass wir keine isolierten Amöben sind, sondern Teil eines Ganzen. Die Fragen zielen nicht auf deine „Nützlichkeit" ab, sondern auf den Sinn, den du deinem Leben gibst. Was passiert in der Welt, was wünschen sich Menschen, wovon möchtest du ein Teil sein, welche Rolle willst du einnehmen? Nutze diese Übung, das für dich herauszufinden, auszusprechen und zu spüren.

Zukunft durch Mut

Mein zukünftiges Leben im Jahr:

Was ich möglich mache:
Wer ich jetzt bin:
Was mir wichtig ist:
Wer ist in meinem Leben:
Meine Beziehungen zu anderen sind...
Meine materielle Situation ist...
Gesundheitlich fühle ich mich...
Ich bin besonders froh und stolz über...
Mein Glück ist...

Wofür ich Mut hatte:

Was habe ich hinter mir gelassen? ③

Wie war das möglich? ④

Die Welt braucht mich für...
Ich will unbedingt:
Meine Energie ist:
Wichtige Entscheidungen:
Erreichte Meilensteine:
Unterstützende Menschen:
Mobilisierte Ressourcen:

Wie sieht dein zukünftiges Leben aus?
Male dir aus, wie dein Wunschleben sein wird. Hier sind Fragen, die helfen können:

1. Was mache ich möglich?
2. Wer bin ich jetzt?
3. Was ist mir wichtig?
4. Welche Menschen sind in meinem Leben? Was für Beziehungen habe ich zu ihnen? Was bin ich für sie? Was sind sie für mich?
5. Wie ist meine materielle Situation? Was habe ich dafür getan?
6. Wie geht es meinem Körper? Was tue ich für meine Gesundheit?
7. Worauf bin ich besonders stolz, was bereitet mir in meinem Leben ganz besondere Freude?
8. Was ist mein Glück?

Worin besteht dein Mut, um dann dieses Leben zu führen?
Werde dir bewusst, für was du Mut aufbringen möchtest, um dieses Leben führen zu können. Wieder mal mit der Hand auf dem Herzen:

1. Welche Neugierde willst du erfüllen?
2. Welche Angst willst du überwinden?
3. Welche Überzeugung lebst du, auch gegen Widerstände?

Was lässt du hinter dir?
Um Neues möglich zu machen, braucht es Veränderung und Bewegung. Was tust du:

1. Welche limitierenden Glaubenssätze lässt du verstummen?
2. Wem verzeihst du, weil nachtragen halt „nachtragen" ist?
3. Welche Verpflichtungen kündigst du auf, weil sie für dich nicht lebensdienlich sind?

Wie ist das möglich?
Denke dir aus, was alles helfen wird, um dein erwünschtes Leben zu führen, über den Mut hinaus. Auch Mut braucht Ressourcen, Unterstützung, Aktivität. Was sind deine Antworten?:

1. Die Welt braucht mich für …
2. Ich will unbedingt...

3. Meine Energie ist ...
4. Wichtige Entscheidungen, die ich treffe ...
5. Meilensteine, die ich erreiche ...
6. Menschen, die mich unterstützen ...
7. Ressourcen, die ich mobilisiere ...

Schaue dir am Ende der drei Stunden deine gewünschte Zukunft an. Ist die gut? Was kannst du tun, um sie noch schöner zu machen? Wenn du mit deinem Bild der Zukunft zufrieden bist, genieße den Moment!

Mit deinem Zukunftsbild hast du wichtige innere Klärungen herbeigeführt. In Gesprächen mit anderen kannst du Entschlüsse, Erkenntnisse und deine Energie weiter vertiefen und stärken. Dein Zukunftsbild kannst du jederzeit anpassen, das Leben ist nicht statisch. „So wie es ist, wird es nicht bleiben."

Deswegen biete ich dir in den folgenden Kapiteln weitere Reflektionen und Hilfen an, um deinen Mut zu (re-)aktivieren, wenn es mal holprig und zäh wird, oder sich scheinbar sogar eine Mauer vor dir auftut.

MINDSET FÜR MUT

Dein Mindset ist deine Haltung, deine Einstellung zum Leben, zu dir selbst, zu anderen. Dein Mindset ist einerseits ein Produkt deiner bisherigen Erfahrungen, Erfolge und Erlebnisse. Und dein Mindset speist sich aus deinem Umfeld, groß wie klein. Also z. B. in welchem Land du lebst, welche (ob) Religion deine Erziehung und dein heutiges Leben prägt und mit welchen Leitsätzen deine Eltern dich formen wollten. „Nur nichts gefallen lassen" – das war das Mantra einer Mutter in der Erziehung ihres Sohnes. Sie selbst war Arbeiterin, in der Gewerkschaft und alleinerziehend in den 60er/70er Jahren des letzten Jahrhunderts. Und er lässt sich bis heute nichts gefallen. Das ist nur eines von endlos vielen Beispielen, mit welchem Mindset wir durchs Leben gehen.

Das entscheidende am Mindset: es ist nicht genetisch, unveränderlich in uns, sondern dynamisch und wandelbar. Ich möchte dir anbieten, dein Mindset für lebensdienlichen Mut zu nutzen, und dir nun Werkzeuge zeigen, die dir hierbei helfen können.

MUT-BUCHHALTUNG

In meinen Interviews über Mut gibt es immer wieder das „Aha", wenn wieder klar wird, wie unser Mut unser Leben prägt, wichtige Wendepunkte ermöglicht, Pfade eröffnet. Hier biete ich dir an, noch mal umfassender deine eigene Mut-Geschichte zu sehen.

Schau dir das Ergebnis an. Wie viel hast du deinem Mut zu verdanken, wann hat er dir wirklich geschadet, und wie sehr sind Chancen ungenutzt verstrichen – und du fragst dich bis heute, was gewesen wäre. Was sagen dir die Listen über dich? Und über deine zukünftigen Chancen? Was nimmst du dir vor, was möchtest du ändern?

Die Erlebnisse in der zweiten und dritten Spalte bergen eine Gefahr: sie können Ressentiments, „Nachtragen" und viel negative Energie schüren. Die Liste der verpassten Chancen, der Schuldzuweisungen oder sogar der Verbitterung und Scham. Deswegen habe ich auch überlegt, diese Frage wegzulassen. Und jetzt ist sie doch drin, weil Akzeptanz, Verzeihen und Selbstliebe auch zum mutigen Leben dazugehören.

Deine Mut-Buchhaltung

Ich war mutig, und das hatte diese positive Wirkung:	Ich war mutig, und das hatte diese negative Wirkung:	Ich war nicht mutig, und ich frage mich bis heute ...

MUTSCHMELZTIEGEL: PERSÖNLICHE MUTLEGENDEN

Menschen lieben Geschichten. Geschichten geben Geschehenem einen Sinn, berühren uns, und wir können sie leicht erinnern – und abrufen. Ähnlich wie Glaubenssätze können Geschichten unseren Mut und Lebenskraft stärken – oder schwächen.

Nimm dir ein Blatt Papier und schreibe alle Erlebnisse auf, in denen du dich mutig gefühlt hast und du in deinen Augen Mut gezeigt hast. Mach die Liste richtig lang. Das kann vom Schule schwänzen in der 7. Klasse über den Hauskauf bis zur Konfrontation eines übergriffigen Kollegen sein – schreib alles auf.

Nun gehe die Liste durch und markiere die Erlebnisse, die du als persönliche Legenden bezeichnen kannst: Erlebnisse, in denen du durch deinen Mut eine positive Wende herbeigeführt hast, die deine heutige Persönlichkeit formen und deren Folgen du heute noch in deinem Leben stark spüren kannst. Das oben erwähnte Gespräch mit Ulrich Rehbein* ist für mich ein solche „Mutlegende " gewesen wie auch die Episode am Vassar-College (Seite 73).

Welches Erlebnis sticht heraus? Erzähle dir die ganze Geschichte so detailreich und genau wie möglich. Vielleicht erzählst du die auch Menschen, die dir wichtig sind. Schreibe sie auf, mache sie zum Teil deines Lebensromans.

Noch ein Tipp: Hebe dir die Liste auf, weil du sie immer weiter ergänzen kannst. Mit Erlebnissen, die dir wieder einfallen, und mit neuen Gelegenheiten, deinen Mut zu erleben und deine Komfortzone zu erweitern.

Und wenn du dann eine neue Geschichte zu deinen persönlichen Legenden zählen kannst – lass' mich das wissen, so etwas begeistert mich.

INNERE GLAUBENSSÄTZE

„Oh, ich denke, der ist sowieso nicht mehr da. Dem habe ich schon beim Warten gesagt, dass Sie mich einstellen werden!" Das ist Thomas' Antwort, als Personalberater und Unternehmer das intensive und energiereiche Gespräch mit dem Kandidaten Thomas beenden möchten, weil noch ein weiterer Kandidat angereist ist, der auf seine Gelegenheit wartet, sich für die Position des Geschäftsführers zu bewerben. Allgemeines Gelächter folgt, das Gespräch wird beendet und der andere Kandidat erhält seine Chance. Die Stelle geht an Thomas. War Thomas mutig? Welche Gefühle entstehen bei dir, wenn du von solch einer frech-arroganten Schlagfertigkeit liest? Also, Thomas hat das nicht zu seinem Mitbewerber gesagt, seine Schlagfertigkeit und das empfundene Selbstbewusstsein haben der Firma gefallen. Er hat diese Stelle aber nicht wegen seiner Chuzpe bekommen, sondern wegen seiner Qualifikation. Und – sein Mut kam an und hat ihn für die Stelle empfohlen.

Also mir wäre ein solcher Satz niemals spontan eingefallen. Wegen meiner Glaubenssätze und Werte, die ich da verletzt gesehen hätte. Nicht aggressiv sein, niemanden in die Pfanne hauen, wir sitzen doch alle in einem Boot, nur die Leistung zählt – all das sind meine dominierenden Gefühle, wenn ich an „Mitbewerber*innen" denke. Ich konzentriere mich auf meine Kompetenzen und Fähigkeiten und würde mir niemals bewusst und aktiv einen unfairen Vorteil verschaffen wollen. Da würde ich mich schämen. So. Und das sind alles meine Interpretationen dieser Situation, das sind meine Glaubenssätze. Mit Schlagfertigkeit, Frechheit und Aggressivität mir meinen Traumjob zu verschaffen und anzuerkennen, dass nur eine Person den Job bekommen kann, das fällt mir schwer. Das ist die Power von Glaubenssätzen.

Diese inneren Glaubenssätze leiten uns. Deinem Mut kann es sehr helfen, sich diese zu vergegenwärtigen und auch bewusst welche zu wählen, die dich stark machen. Und dies aus zwei sehr unterschiedlichen Gründen:

Deine Glaubenssätze können Mutvernichter sein, sie können limitieren. Eines meiner prägendsten Familien-Mantras war „das muss doch nicht sein" – das Totschlagargument meiner Mutter und unter uns Geschwistern, wenn es um „materielle Frivolitäten" ging. Da spreche ich nicht von dem Mercedes-Cabriolet oder einer teuren Uhr, sondern von der Lust auf ein Eis oder von dem Kauf der angesagten Marken-Jeans. „Das muss doch nicht sein" war das Totschlagargument, mit dem jeder Wunsch sofort sein Leben aushauchen musste. Das Mantra wurde gespeist aus meiner protestantisch-pietistischen Herkunft mütterlicherseits und aus einer sehr angespannten materiellen Situation unserer siebenköpfigen Familie nach dem sehr frühen Tod meines Vaters. Auch heute liegt mir dieser Glaubenssatz oft auf der Zunge. Bei der Erziehung meiner Kinder, bei der Anschubfinanzierung meiner Beratungsfirma oder früher bei der Budgetierung wichtiger Projekte. Was hat das mit Mut zu tun? Wenn ich diesem Glaubenssatz zu sehr folge, habe ich zu wenige Ressourcen, um meine Ziele zu erreichen. Ich brauche Mut, diesen Glaubenssatz zur Seite zu schieben, um meine Wünsche und Ziele zu erreichen.

Mit der Frage „Was sagst du dir über dich selbst?" schicke ich Workshop-Teilnehmer in eine Runde „expressives Schreiben". Wenn man länger als ca. 20 Minuten schreibt und nicht auf Rechtschreibung und „richtig oder falsch" achtet, schreibt immer mehr das „Unterbewusstsein" – und mein bewusstes Ich kontrolliert nicht mehr das Geschriebene. Wenn die Teilnehmer von dieser Übung zurückkommen, bitte ich sie, den eigenen Text durchzulesen. Eine Teilnehmerin hat Tränen in den Augen, als sie sagt: „Das ist alles so negativ und schlecht, da lese ich sehr harte Sachen über mich". Ich frage, ob jemand diese Dinge jemals zu einer anderen Person sagen würde? Die meisten schütteln den Kopf – so hart und unerbittlich, ohne jede Freundlichkeit, würde man nicht mit anderen sprechen. Viele Menschen haben selbst-limitierende Glaubenssätze, die mutig reflektiert werden und am besten in vielen Situationen verstummen sollten.

Glaubenssätze können dir auch Kraft geben. „Ich schaffe das schon", oder Paragraph 3 des Kölschen Grundgesetzes, „Et hätt noch immer jot jejange", bringen Leichtigkeit und Zuversicht in dein Leben.

Die Power der Glaubenssätze liegt darin, dass sie so verinnerlicht sind, dass sie unbewusst wirken und dir eigentlich ständig eine „Message" senden. Die menschenalte Praxis des Betens, des Mantra-Singens, der geführten Meditation haben genau diesen Effekt: dir selbst sagen, was du willst, damit du dran glaubst, und es dein Handeln unbewusst leitet.

Das kannst du für dich nutzen, indem du Glaubenssätze, indem du solche hilfreichen Glaubenssätze aktiv und bewusst wiederholst. Für eine besonders große und wichtige Mutaufgabe kannst du dir auch deinen eigenen Glaubenssatz neu formulieren und ihn dir sehr regelmäßig und sehr häufig wiederholen.

Die Glaubenssätze, die deinen Mut sabotieren, willst du möglichst schwächen, am besten abstellen. Das geht meistens nicht von einem Tag auf den anderen. Dein Hirn hat dir das so oft wiederholt, diese innere „Datenautobahn" ist vielleicht sechsspurig, ohne Tempolimit geht es in die „das muss doch nicht sein/ich kann das nicht/ das steht mir nicht zu/ich konnte noch nie..." – Falle. Diese Glaubenssätze erkennen ist der Anfang, und dann ersetzt du die bewusst mit Power-Glaubenssätzen, die deine Wirksamkeit stärken.

Glaubenssätze sind keine Wahrheiten. Sie reduzieren die Komplexität der Welt auf einen für uns einfachen Nenner und sind „Vereinfacher" in den tagtäglichen Entscheidungen. Das ist sehr oft sehr okay. Sie entstehen durch gesellschaftliche Konventionen („Vertrauen ist gut, Kontrolle ist besser"), Erziehungserlebnisse („ich bin zu faul/dumm/laut/ schüchtern/ehrgeizig/egoistisch/verträumt" – such' dir was aus) oder auch durch ein einschneidendes Erlebnis (einmal vom Hund gebissen – jeder Hund beißt).

Meine Klientin arbeitet in der zweiten Führungsebene in einem großen Konzern mit einer entsprechend großen Verantwortung und die Konkurrenz unter den Führungskräften ist stark ausgeprägt. Einer ihrer Kollegen macht gegenüber dem gemeinsamen Chef Avancen, Sachgebiete der Klientin übernehmen zu wollen, er bespricht sich intensiv mit Mitarbeiter*innen der Klientin und verbringt viel Zeit mit denen. Meine Klientin empfindet das Agieren eines Kollegen als intrigant, bedrohlich und hinterhältig. Sie hat das Gefühl, dass er ihr Team entfremdet und in ihrem Kompetenzbereich herumfischt. Dieser Situation fühlt sie sich hilflos ausgeliefert. Als ich sie nach ihren Handlungsoptionen frage, fallen ihr einige ein, und bei ganz vielen startet oder endet sie mit „das darf man nicht". Ein wunderbarer Glaubenssatz: „das darf man nicht!" Und dieser Satz drückt sie in die Wehrlosigkeit. Letztendlich haben wir Optionen gefunden, die ihren hohen ethischen Ansprüchen genügten und ihr ermöglichten, den Aktionen des Kollegen Einhalt zu gebieten:

Sie sprach mit ihrem Chef über ihren Verantwortungsbereich, der diesen dann in einer Teamsitzung mit dem anwesenden Kollegen bestätigte. Sie lernte, ihren Kollegen auf Grenzüberschreitungen anzusprechen, seine Perspektive zu hören, und konnte feststellen, dass ihm das alles so unangenehm war, dass er seine Übergriffe einstellte. Er hatte wohl gedacht, er könnte einfach ihren Bereich vereinnahmen, ohne dass sie es merkt oder sich wehrt. Falsch gedacht.

MUTIGER UMGANG MIT FEHLERN

„Ich war einmal Schulleiterin der internationalen Schule in Frankfurt. Natürlich habe ich auch Kinder getroffen, die auf eine deutsche Schule gingen", erzählt mir die Schulleiterin der amerikanischen Schule unserer Töchter. „Oft habe ich diese Kinder der deutschen Schule gefragt, worauf sie ganz besonders stolz sind, und mir das zu zeigen. Immer zeigten mir die Kinder Arbeiten, bei denen sie keine oder fast keine Fehler hatten. Das fehlerfreie Diktat, die korrekt gerechneten Rechenaufgaben. Das ist das deutsche Schulsystem. Wenn ich die Kinder meiner Schule das Gleiche frage, bringen sie mir ein Gedicht, oder ein Bild, oder ein Poster für ein Projekt, das sie bearbeitet haben. Das ist unser pädagogisches System". Dieses Gespräch mit der Schulleiterin, es fand im Jahr 2002 statt, habe ich nie vergessen. Aus meiner eigenen Schulzeit in Deutschland und bei unserer Rückkehr nach Deutschland habe ich ihre Beschreibung gut nachvollziehen können. Früh lernen wir in der Schule, dass es das Beste ist, keine Fehler zu machen. Dann gibt es in den allermeisten Fächern ein „sehr gut". Und so sind wir von klein auf gepolt worden. Keine Fehler machen ist „sehr gut". Und umso mehr Fehler man macht, desto schlechter. Diese Intoleranz gegenüber Fehlern ist bei ganz vielen Aufgaben sinnvoll: dort, wo Routinen und Standards entwickelt sind, und diese sicher und effizient zu einem erwünschten Ergebnis führen. Es gibt Lebensbereiche ohne Fehlertoleranz: Herzchirurgie, Atomkraftwerke, Flugzeuge fliegen. In vielen anderen Lebensbereichen gibt es jedoch diese Standards und Routinen nicht. Sie müssen entwickelt werden, oder man kann sie gar nicht brauchen, weil sich das Thema irgendwelchen Standards und Routinen entzieht, was bei allen kreativen Leistungen der Fall ist – und im menschlichen Miteinander. So kann unsere Angst vor Fehlern uns davon abhalten, Neues zu entdecken, zu experimentieren oder auch „emotional ins

Risiko" zu gehen. Hier gibt es keine Formel und kein Wörterbuch mit der einen korrekten Antwort, hier bietet sich Gestaltung, Kreativität und Ausprobieren an.

Die Zuspitzung der Fehlerangst wird oft „Perfektionismus" genannt. Menschen versuchen, keinerlei Fehler zu machen, und so unangreifbar zu werden. Ein vergebliches Unterfangen – kein Mensch ist „fehlerfrei" und kann alles ganz hervorragend. Wer sich selbst keinen Fehler zugesteht, hat unmenschliche Erwartungen an sich selbst. Sogar wenn man etwas richtig gut kann, kann etwas schiefgehen. Ob Eigentore im Profi-Fußball, ein stotternder Nachrichtensprecher, eine stolpernde Oscar-Gewinnerin: Teil des Lebens. Die lebensdienliche Haltung ist ein freundliches Anerkennen der eigenen Unvollkommenheit, ein Mal schütteln und weitermachen.

Es gibt viele Führungskräfte, die sehr viel Energie mit Fehlersuche und deren Korrektur verbringen. Sie suchen diese aktiv, diskutieren die lang und breit und vergessen die auch nie. Ich sage „Fehlerfixierung ist Führung für Anfänger*innen" – mehr dazu im hinteren Teil des Buchs. Für Menschen, die nur wenige Ideen für die Zukunft haben, keine Strategie entwickeln und ihren Mehrwert darin sehen, sicherzustellen, dass ihr Team keine Fehler macht. Was tust du, wenn du an einen solchen Chef gerätst? Wie kannst du mutig sein? Klar, du kannst deinen Grad an „Penibilität" und Genauigkeit erhöhen, das macht dich auch effizienter. Bei Fehlerhinweisen deines Chefs gelassen bleiben, anerkennen, korrigieren. Und dann möglichst schnell über etwas Wichtiges sprechen, z. B. wie das Projekt insgesamt vorankommt, wie sich Teammitglieder entwickeln, was eure internen Kunden von euch brauchen und wie du genau dafür eine tolle Idee hast. So kannst du deinem Chef und dir helfen, Energie auf dankbarere Themen zu lenken als auf Fehlersuche.

AKZEPTANZ, VERZEIHEN UND SELBSTLIEBE

Akzeptanz: was gewesen ist, ist vorbei. Du kannst es nicht mehr ändern. Du kannst entscheiden, was du daraus machst. „Was wäre wenn"-Gedankenspiele lassen dich in der Vergangenheit verharren, dich in begangenen Fehlern suhlen und binden deine Energie, statt jetzt das

Bestmögliche zu tun. „Was machst du draus?" ist sehr viel lebensdienlicher als „wie konnte mir das passieren?" Ein – auch unangenehmes – Ergebnis, eine schwierige Situation akzeptieren heißt nicht, dass du das gut findest oder dich damit abfindest. Du hörst aber auf, Energie in die Wut, Enttäuschung, Frustration zu leiten und steckst sie in das „was jetzt?".

Verzeihen: Nachtragen heißt nachtragen – wir wenden Energie für Vergangenes auf. Wir alle werden verletzt und verletzen andere Menschen. In unterschiedlichen Maßen, aus Versehen oder in voller Absicht tun wir einander weh, und manchmal sogar uns selbst. Um zu verzeihen, nehme ich die Geschichte des anderen wahr, vollziehe sie nach und erkenne meinen Anteil darin. Und wenn ich verzeihe, verlasse ich die Rolle des Opfers und übernehme Verantwortung dafür, was ich aus der Verletzung mache. Kann man alles verzeihen? Ich nicht. Es gibt ein paar Grenzüberschreitungen, da schlägt mein Herz bis heute schneller, mein Fluchtinstinkt wacht auf und ich wünsche mir, dass die „Täter*in" sanktioniert würden. Kann ich viel verzeihen? Ja, ganz viel Schmerzhaftes habe ich verstanden, meinen Teil erkannt oder auch gesehen, wie das System, in dem wir agiert haben, verletzendes Verhalten sehr leicht machte.

Irren ist menschlich, Vergeben ist göttlich.

Alexander Pope

Warnhinweis: Verzeihen ist eine persönliche Entscheidung, keine Verpflichtung. Aussagen wie „Du musst ihm/ihr verzeihen", „Verzeih ihr doch endlich" sind brutale Grenzüberschreitungen, die gerne von denen formuliert werden, die diesen Schmerz nicht selbst erfahren haben und den Schmerz des anderen nicht sehen möchten.

Und nun zur Selbstliebe – deiner Kapazität, liebevoll und wertschätzend zu dir selbst zu sein: Verpasste Gelegenheiten, eine scharfe Kritik, ein missglücktes Projekt können dazu einladen, dich zu verurteilen, dich klein zu machen, sogar Schuld oder Scham zu empfinden. Wenn du ein solches Muster für dich erkennst – also bei „Fehlern" einen sehr strafenden, negativen und sogar verletzenden inneren Monolog zu führen – dann setze dem aktiv eine Haltung der Akzeptanz, des Verzeihens und der Wertschätzung entgegen. Und wandle den verletzenden Monolog in eine Neugierde um: Was hat zu dieser verpassten Gelegenheit geführt? Was möchte ich ändern? Was möchte ich in Zukunft tun?

„Was möchte ich in Zukunft tun und wer möchte ich sein?" und „Wofür braucht mich die Welt?" sind Fragen in dem Kapitel „Dein Zukunftscamp" (Seite 44). Sie laden zur Selbstliebe ein: Wenn ich in meinem Wesen, in diesem Körper, in dieser Zeit auf dieser Erde gelandet bin, dann ist das ein einzigartiges Wunder, das ich jeden Tag feiern kann und dem ich einen Sinn geben möchte.

Ich empfehle dir hierzu ein ganz kostbares Buch, in welchem die Autorin, eine Holocaust-Überlebende, ihre persönliche Geschichte der Akzeptanz, des Vergebens und der Selbstliebe mit ihrer Arbeit als Psychologin verknüpft: Dr. Edith Eger: In der Hölle tanzen. btb Verlag, Erstveröffentlichung des Originals 2017.

Dein mutiges Mindset

Ein mutiges **Mindset** kannst du dir selbst entwickeln. Mit deiner **Mut-Buchhaltung** vergegenwärtigst du dir, wieviel Mut in deinem Leben schon war und ist. Mit inneren **Glaubenssätzen**, die dich in deinen Fähigkeiten und deiner Wirksamkeit stärken, verschaffst du dir Mut. Glaubenssätzen, die dich kleinmachen und schwächen, gibst du immer weniger Sendezeit in deinem inneren Dialog. Wenn du beginnst, **Fehler als Teil des Lernens** und nicht als Urteil über dich zu verstehen, hast du mehr Energie für mutige Entscheidungen. Ein Mindset der Akzeptanz, des Verzeihens und der Selbstliebe setzt Energie frei, um deine Kraft für zukünftige Chancen zu mobilisieren.

MUTMACHER FÜR DIE GANZ BESONDEREN MOMENTE

Es gibt diese ganz typischen Momente, in denen Angst hochkommen kann, und in denen du dir ein Mut-Werkzeug wünschst:

Mit der Reflexionsmethode „DSCO" übst du, Drama, Situation, deine Rolle und die vorhandene Chance auseinanderzuhalten und dadurch schneller aus den lähmenden Wiederholungsschleifen des Kopfkinos rauszukommen. Ein klug platziertes „Nein" lenkt deine Energie hin zu dem, was dir wirklich wichtig ist. Du kannst deinen Körper einsetzen, um Angst zu überwinden und Kraft für deinen mutigen Entschluss zu finden. Auch eine Visualisierungsübung kann das für dich leisten. Und dann kommt es manchmal auf das richtige Timing an, damit dein Mut zum Erfolg führt.

CHANCEN SEHEN STATT IN DRAMEN QUÄLEN

Ist bei dir Dauer-Drama? Kopfkino? Nacherzählen, was passiert ist? Überlegen, wie das passieren konnte? Und dann diskutieren, wer oder was schuld ist? Wir Menschen lieben Drama, und unser Hirn ist super trainiert, dieses Kopfkino und Gehetze zu betreiben. Bloß, du spürst es schon selbst, das führt zu so unendlich wenig. Wir rühren und rühren in dem bekannten Brei herum – und fast nichts verändert sich. Die einzige Veränderung ist die stetige Verhärtung bestehender Einschätzungen und Urteile. Für Mut braucht es keine Verhärtung, Mut will Aufbruch und Veränderung. Wie komme ich aus dem Drama raus und finde Wege in den Aufbruch, in die Veränderung?

In einer Ausbildung bei Alan Seale, Führungsexperte, Coach und Autor habe ich dieses sehr hilfreiche Konzept gelernt, das ich in vielen Coachings und Trainings einsetze: das DSCO-Modell (Seale, Alan: Transformational Presence – The Tools, Skills, and Frameworks, S. 62ff, erschienen bei "the Center for Transformational Presence"). Jede menschliche Interaktion kannst du auf vier verschiedenen Stufen betrachten: Drama, Situation, Rolle (Choice) und Chance (Opportunity).

Die erste Stufe: Hier herrscht das Drama. Wir sind auf der Erscheinungsebene und stellen die Schuldfrage. Mit der Antwort ist der Schuldige gefunden, Urteile sind gefällt und der größte Mut, der hier gebraucht wird, ist die Einsicht des Schuldigen.

Auf der Drama-Stufe kreisen unsere Gedanken und Gespräche um "er hat gesagt, sie hat gesagt. Ich habe vergessen, wie konnte er/sie/wir/ ich nur, ... was ein Idiot und so weiter." Die Energie geht in die Frage „Wer oder was ist schuld an dem, was passiert ist?" Du merkst selbst, dieses Kopfkino kann einen sehr beschäftigen und das Ergebnis ist meistens jämmerlich klein im Vergleich zum zeitlichen und emotionalen Aufwand. Hier passiert nichts außer, Schuldige zu finden, schlechtes Gewissen zu haben, Urteile zu festigen.

Die zweite Stufe: Wir schauen nach den Umständen und Mechanismen, die zu dem Drama geführt haben. Vielleicht finden wir neue Lösungen, wenden diese an, und das Drama ist (hoffentlich) für die Zukunft vermieden. Alle Lösungen ergeben sich aus der Fehlervermeidung, nicht aus zukünftigen Chancen und Anforderungen.

Du suchst bereits nach mehr systematischen Erklärungen. „Wie konnte es hierzu kommen? Und wie bekommen wir die Situation in den Griff?" Die Situation wird analysiert und es wird geschaut, wie die Teilnehmenden dieses Systems zukünftig agieren können. Das System selbst wird nicht zur Debatte gestellt. Das ist schon etwas produktiver als das Drama, jedoch bist du noch in der Situation und hinterfragst noch nicht deine Möglichkeiten des Handelns. Wenn du mehr erreichen willst, gehst du auf die nächste Ebene.

Die dritte Stufe: Wir hinterfragen unsere eigene Rolle in dem bisherigen Geschehen und nehmen uns den Mut, vielleicht anders weiterzumachen. Wir verändern unsere Beziehung zu dem Geschehenen. Mit dem Entschluss, in Zukunft eine andere Rolle einzunehmen, können wir für nachhaltige Veränderung sorgen.

Jetzt fragst du: „Was war bisher meine Wahl in diesem Drama, dieser Situation und welche Rolle nehme ich ab jetzt ein?" Hier nimmst du dir die Freiheit, bewusst und gezielt deine Rolle zu hinterfragen und eine neue einzunehmen. Schon das Verständnis für deine bisherige Rolle kann sehr, sehr erhellend sein. Nimm z. B. eine Führungskraft mit einem eher phlegmatischen Team ohne viel wahrgenommene Eigeninitiative. Welches Bild von Führung, welche Einstellungen und Verhaltensweisen zeigt die Führungskraft, und würden die Mitarbeiter*innen vielleicht aktiver, wenn sie etwas verändert? Mehr nach Meinungen fragt? Mehr Freiräume gibt, mehr lobt, mehr vertraut? Richtig spannend wird es, wenn du die vierte Stufe der Betrachtung betrittst.

Die vierte Stufe: Ich nenne sie das Sauerstoffzelt. Hier bekommen wir ganz viel Luft zum Atmen. Wir verlassen die Schuldebene, die Vorwürfe, das Nacherzählen, das ewig gleiche Muster von Aktion und Gegenreaktion. Wir gucken nach vorne. Das Geschehene ist geschehen, und was kommt jetzt? Mit einer aktiven Suche nach den Chancen verliert das Drama seine Macht und die darunterliegenden Kräfte werden zugänglich und nutzbar. Ob ich mich allein in dem Drama befinde und die Wirkkräfte verstehe oder ich mit anderen in einer schwierigen Situation bin und wir uns über die Chancen verständigen: Plötzlich leiten uns Zukunftsbilder statt Schuldsuche und Fehlervermeidung. Die Gespräche haben mehr Energie, wir finden bessere Lösungen, der Mut hat eine Chance.

Jetzt fragst du: „Welche Möglichkeiten ergeben sich aus dieser Situation? Was kann hier passieren? Jenseits vom Drama – wie kann ich aus der Situation etwas Positives schaffen?" Und plötzlich drängen sich völlig neue Perspektiven und Handlungsstränge auf. Der Clou: Ich betrachte die Situation aus der Sicht der Zukunft und der Möglichkeit und nicht mehr aus der des Gewesenen. Und da merkt die oben erwähnte Führungskraft vielleicht, wie sehr das Team Ermutigung und Training braucht, um aktiver und gestaltender arbeiten zu können.

Du spürst vielleicht schon beim Lesen, wie sich deine Perspektive verschiebt, unter Umständen bemerkst du eine körperliche Veränderung von Verspannung zu „mehr Luft im Brustkorb", wenn du die verschiedenen Ebenen nachvollziehst.

Was hat es mit diesen vier Fragen auf sich? Diese Fragen bieten dir verschiedene Einblicke in die gleiche Situation, jede bewegt sich auf einer anderen Stufe.

„Welche Chance bietet uns das?" ist eine mutige Frage. Die Antworten führen dich vielleicht aus deiner eigenen Komfortzone, laden zu neuen Lösungen ein, verlangen Kreativität.

Chancen-Expedition

Fang heute an:
Nimm das erste Drama des Tages und spring sofort auf
die dritte Stufe mit der Frage:
- „Was ist meine Beziehung zu dem Geschehen?
- Welche Rollen gibt es und welche wähle ich?"

Da gibt es vielleicht die ersten Überraschungen.
- Wie viele Rollen siehst du?
- Und was passiert, wenn du eine neue einnimmst?
- Geht das? Wie reagiert dein Umfeld?

Und weiter geht es:
- Welche Chance ergibt sich aus dem Drama?
- Kannst du das allein rausfinden oder besprichst du
  das mit jemandem?
- Wie machst du weiter?
- Was ist dein nächster Schritt?
- Ist der groß, schwierig, klein und wirkungsvoll?

So eine Chancen-Expedition kannst du jeden Tag starten:
Schau am Ende der Woche zurück:
- Was hast du gelernt?
- Was hat viel Mut gebraucht?
- Was war einfach?
- Machst du nächste Woche weiter?

DER ZAUBER VON „NEIN"

Ja, es gibt viele Gelegenheiten, Mut zu mobilisieren, um unser Leben nach unserem Willen zu gestalten. Hier helfen dir das Konzept der Mutzone, das Zukunfts-Camp und dein mutiges Mindset. Und manchmal braucht es Mut, um uns von den Wünschen und Forderungen anderer abzugrenzen. Wie balanciere ich meine Bedürfnisse und die anderer gut aus? Wann bin ich egoistisch und wann machen mich die Anforderungen anderer platt? Das Dilemma: Umso besser du bist, desto mehr wirst du gefragt werden. Und solange du weiter leistest und lieferst, geht das auch so weiter. Funktioniert ja – für die anderen. Und für dich? Was bleibt in deinem Leben auf der Strecke? Erholsamer Schlaf, Zeit mit Freund*innen, ein genussvoller Spaziergang? Oder kommst du nicht mal dazu, die Projekte, die dir wirklich wichtig sind, zu verwirklichen, weil du anderen hilfst, ihre zu verwirklichen? Wenn du sie zu deinen machst und sie zu deiner eigenen Sache werden – schön. Wenn du mehr und mehr aufgibst, wovon du träumst, was du erreichen möchtest, wie du leben willst – dann wird es vielleicht Zeit, sich mit dem Zauber des Wortes „Nein" auseinanderzusetzen.

Deine „Neins" zu externen Anforderungen schaffen dein ganz eigenes Profil. Ohne „Nein" bist du einfach das Ergebnis der Wirkung externer Kräfte auf dich. Deine „Neins" sind Ausdruck deiner Prioritäten, Stärken und Anliegen. Sie schaffen dein Profil. „Jas" sind die Überstunden, die Erschöpfung, die Frustration. „Jas" erfüllen die Wünsche anderer.

Manchmal entspringt dein „Ja" einer unausgesprochenen Erwartung von Gegenseitigkeit, von Dankbarkeit und du baust Ressentiments und Frust gegenüber dem Empfänger auf, der/die sich scheinbar nie erkenntlich zeigt. Weiß er/sie von deinen Erwartungen? Und ist/er sie wirklich gewillt, diese zu erfüllen? Da ist die Redaktionsleiterin, die vor allem eine Redakteurin als ständige Rettungsstelle nutzt. Was auch immer liegenbleibt, noch nicht erledigt ist, unangenehm ist, geht an diese Redakteurin. Die macht Überstunden bis spät in die Nacht, macht die „Hausaufgaben" der Chefin übers Wochenende – und sie widerspricht nie, erfüllt alle Wünsche. Es gibt das Versprechen: Sobald sich die Chance ergibt, werde ich dich befördern. Dann geht die Chefin. Zu einem anderen Sender. Der Nachfolger weiß nichts von dem Versprechen, interessiert sich auch nicht dafür und – befördert die Redakteurin nicht. Solche Geschichten laufen vieltausendfach in allen möglichen Konstellationen ab. Welche Rolle willst du spielen, was lieferst du, was forderst du?

Umso öfter du die Anforderungen anderer annimmst, desto kleiner werden deine „Jas" zu dem, was du selbst möchtest. Deine Ziele werden ausgehöhlt von den Wünschen und dem Diktat anderer. Wenn du immer wieder „Ja" sagst zu den Bitten und Forderungen anderer, kann das zu einer systematischen Überforderung führen. Wenn du mit dem „Ja" sagen Akzeptanz, Bestätigung und Zugehörigkeit suchst – dann halt' mal inne: Kann es wirklich sein, dass du Akzeptanz, Bestätigung und Wertschätzung nur bekommen kannst, wenn du nie „Nein" zu einer Anforderung sagst? Pardon, was sind das für Menschen? Das ist die eine große Frage. Und die andere: Wenn du dich selbst akzeptiert, bestätigst und wertschätzt – kommt dann ein „Nein" leichter über deine Lippen?

Wie sagt man „Nein"? Lerne zu verhandeln. Höre zuerst, was von Dir erwartet wird. Frage nach, verstehe das Ansinnen. Dann vergleiche mit deinen bestehenden Plänen, Commitments, Abgabeterminen. Dann antworte: „Wir sind ja in der schwierigen Lage, dass z. B. unser CRM-Programm fertig werden muss, wir Einsparmöglichkeiten suchen, wir Kundenakquise betreiben müssen oder was auch immer. Deswegen ist die

---

Ein Manifest zum „Nein"-sagen:

- Manches „Nein" ist nötig, um ein großes „Ja" zu sagen.
- Ich erfülle gerne Wünsche – auch meine.
- „Nein" gehört zu meinen Optionen.
- „Nein" nimmt mir weder Wohlwollen, Akzeptanz oder Liebe.
- Emotionale Schikane als Antwort auf mein „Nein" registriere ich und leitet nicht mein weiteres Handeln.
- Ein „Nein" vermeidet den Frust nicht erlebter Dankbarkeit und Gegenseitigkeit.
- Ich kann mir für die Antwort Zeit nehmen.

---

oberste Priorität diese oder jene, und dem widme ich mich im Moment vordringlich. Dann erwarten auch weder Kathrin, Iryna und Marc noch Berichte von mir. Was du möchtest, mache ich gerne danach. Oder ich mache diesen Teil (einen, der sich leicht/schnell erledigen lässt) und alles andere muss später kommen. Ist das okay für dich? Sonst müssen wir mit unserem Chef nochmal die Projektliste durchgehen ..."

Dein „Nein" ist kein „Nein" an die Person, sondern ein „Ja" für die Geschäftsstrategie oder für die Versprechen, die du bereits geleistet hast. Und „Ja", das kann auch ein Versprechen an dich gewesen sein, das zu tun, was dir wichtig ist, was dir gut tut.

Ah – und jetzt kommt die Angst: Die finden mich faul, die finden mich nicht engagiert genug – ich will alles leisten, was von mir erwartet wird, etc. etc. Okay. Dann mach die Überstunden, mach Sachen, die du falsch findest, und ärgere dich, während du sie machst. Angst ist echt ein Schrottratgeber.

„Nein" Sagen: Eindeutig, geradeheraus und ehrlich:

- „Nein" oder „Nein, danke".
- „Das passt bei mir gerade gar nicht, sprich mich das nächste Mal gerne wieder an".
- „Wie schön, dass du mich fragst, leider geht es dieses Mal nicht."
- „Was du fragst, kann ich nicht in Gänze zu dem Zeitpunkt machen. Reicht es für dich, wenn ich ... bis ... mache?"
- „Ich verstehe, dass du das ... von mir möchtest. Das möchte ich nicht und ich werde das nicht tun."

In manchen Situationen wirst du wortreicher und diplomatischer sein. Ehrlich bleibt.

Zwei Übungen zum „Nein" sagen

Wenn „Nein" sagen richtig schwierig für dich ist, kannst du folgendes ausprobieren:

1. Beobachte einen Tag lang, wie oft du „Nein" gesagt bekommst. Achte auf die Häufigkeit, in der es gesagt wird, und was ein „Nein" bei dir auslöst. Schreib es auf. Was lernst du da für dich? Wer kann dich für deine „Neins" inspirieren?

2. Für ganz Mutige: Spiele mit Grenzen und provoziere ein „Nein" anderer. Schafft der Gefragte, „Nein" zu sagen? Wie macht er das? Oder bekommst du gar kein „Nein" und du bekommst mehr, als du dir vorgestellt hast?

„Freiheit bedeutet, dass man nicht unbedingt alles so machen muss wie andere Menschen."

Astrid Lindgren

DEIN KÖRPER KANN DIR HELFEN

Gleich würde ich „meine" Konferenz begrüßen. Über 100 Kolleg*innen und Mitarbeiter*innen aus der ganzen Welt saßen schon im Auditorium, und erwarteten einen inspirierenden, energischen und gehaltvollen Vortrag von mir, der weltweiten Chefin. Und ich? Ich war völlig erschöpft, ausgelaugt und frustriert. Seit Wochen fragte ich mich, und an dem Tag vor meinem Auftritt besonders, ob ich wirklich auf die Bühne gehen würde. Oder im letzten Moment die Brocken hinwerfen würde. Meine narzisstischen Chefs, Intrigen zwischen Abteilungsleitern, Verschleppen wichtiger Entscheidungen, ein ständiges, unproduktives Hin und Her bei großen Projekten – so erlebte ich mein Arbeitsumfeld und das hatte mich in den letzten Monaten (fast) all meine Kraft gekostet. Ich habe die Brocken nicht hingeworfen. Ich bin auf die Bühne gegangen, mit der Intention, eine inhaltlich anspruchsvolle, positive und inspirierende Rede zu halten. Ich wollte meinen Leuten Energie, Orientierung und Vertrauen gegeben. Danach kamen die Menschen auf mich zu und gratulierten mir zu meinem besten Auftritt, den sie bisher von mir in dieser Firma erlebt hatten (Nein, es war nicht mein erster Vortrag ;-)). Was war passiert? Am Vorabend der Konferenz hatte ich mit vielen angereisten Kolleg*innen intensive Gespräche gehabt. Sie berichteten von ihren Erfolgen, der tollen Zusammenarbeit mit meinem Team, ihrem Stolz auf unsere neue Strategie. Am Morgen meines Auftritts entschied ich mich, die Leistung meines Führungsteams, die Arbeit meiner Leute vor Ort und meine Aufgabe im Unternehmen voranzustellen. Ich wollte die Verantwortung für unsere Ergebnisse übernehmen und wollte auf keinen Fall mein Team im Stich lassen. Ich habe meinen Mut gefunden und wollte meine „Performance" durchziehen. Und dann habe ich meinem Körper erlaubt, mir zu helfen. Hinter der Bühne noch auf der Stelle gehüpft und die Arme geschwungen. Auf der Bühne Schultern zurück, ein starker Rücken, lächeln, stabil auf beiden Beinen stehen, Hände locker ineinander. Bewusst mit tiefer Stimme gesprochen, ein Ticken langsamer, als ich es mag – und mein Körper hat gemeldet: „Alles klar, wir machen das". Und das war's. Wenn du Mut brauchst, kann dein Körper dir helfen.

Was macht dein Körper, wenn Du mutig handelst? Wie klingt deine Stimme, wie ist deine Körperspannung, wie nutzt du den Raum? Wohin blicken deine Augen? Beobachte dich selbst und lass deinen Körper mutig sein. Steh auf, wenn du das schwierige Telefonat führst, sprich mit einer tieferen und langsameren Stimme, stell dich breitbeinig und stabil hin. Wenn dein Körper sich mutig verhält, beruhigen sich auch deine Neuronen im Kopf!

Wenn eine Situation „kippt" – du merkst, dass sich bei dir Angst meldet, du einen Anflug von Panik spürst – auch dann kann dein Körper dir helfen. Wenn dein Hirn in den Panikmodus springt, vermeide es, etwas besonders Kluges, Schwieriges oder Anspruchsvolles zu sagen. Dein Hirn ist damit beschäftigt, Angst zu haben und hat keine freien Hirnkapazitäten für Analyse, Diplomatie oder die nächste Präsentationsfolie.

Konzentriere dich auf deinen Atem, atme möglichst länger aus als ein (beruhigt das Herz). Mach das ein paar Mal. Konzentriere dich für ein paar Momente auf alles, was um dich herum geschieht. Nimm Geräusche, Dinge, Gerüche etc. wahr. Wenn möglich, lege (mal wieder) eine Hand auf dein Herz und klopfe sanft auf die Mitte deines Brustkorbes. Gib deinem Hirn im Angstzustand frische, reale Sinneseindrücke. Gib deiner Amygdala Zeit, sich zu beruhigen. Atme tief ein und noch länger aus. Versuche zu lächeln, das signalisiert deinem Körper, das alles okay ist. Vielleicht kannst du auch etwas trinken, oder aufstehen, ein paar Schritte gehen, bis der körperliche Angstzustand abebbt.

Auch vor besonders wichtigen und verunsichernden Situationen kannst du deinen Körper „auf Mut einstellen": Nimm mindestens zwei Minuten lang – dort wo du unbeobachtet bist – eine Körperhaltung ein, die sich stark und mutig anfühlt. Mindestens zwei Minuten. Konzentriere dich auf deinen Mut, deinen Willen und deine Möglichkeiten. Halte die gleiche Position für zwei Minuten. Dann gehe in die schwierige Situation. Du wirst kraftvoller, bestimmter und selbstbewusster wirken.

„NACH DEM MUT" VISUALISIEREN

„Haaaalt" rief die Reitlehrerin Cathrin unserer Abteilung zu. Als unsere Pferde standen, sprach sie weiter: „Als nächstes werde ich euch einzeln aufrufen und die erste Bewegung jedes Pferdes wird ein Galoppsprung sein." Wir alle lachten laut los. Wir waren zwar alle erfahrene Reiterinnen, aber das Pferd aus dem Stand in einen Galoppsprung reiten – das hatte noch keine von uns versucht und klang nach einer massiven Überforderung. Cathrin gab uns Hilfestellung: „Jede von euch kann das. Und die Pferde können es auch. Ihr müsst es wollen und das eurem Pferd mitteilen. Dafür müsst ihr euch total konzentrieren und vor eurem inneren Auge den Galoppsprung vorwegnehmen. Stellt euch vor, wie ihr euer Gewicht verlagert, wie ihr dem Pferd Galopphilfen gebt und dann stellt euch diesen Sprung vor. Dann wird das gehen". Als ich an der Reihe war, folgte ich Cathrins Anleitung und – es gelang. Es war ein zugleich triumphierendes wie auch verblüffendes Gefühl, das ich bis heute abrufen kann. Diese Technik der inneren Visualisierung nutze ich seitdem für viele Situationen, die mich sehr stark fordern. Dadurch dass ich die Situation innerlich durchspiele, wird die Situation vertrauter, ich weiß besser, was ich zu tun habe – und meine Bereitschaft, mutig zu handeln, wächst.

Mit der Visualisierungstechnik gibst du deinem Hirn Futter, mutig sein zu wollen, um die veränderte Situation zu erleben.

Wie geht das? Nimm dir etwas Zeit, schaffe Ruhe und kreiere in deinem Kopf ein möglichst lebendiges Bild, was du erreichst, wenn du mutig warst. Setze alle Sinne ein: Wie ist das Glücksgefühl im Bauch? Welche Körperhaltung nimmst du ein? Wer ist sonst da? Was tun die anderen Menschen? Was sagst du? Was sagen andere? Wie groß und breit ist dein Lächeln? Oder lachst du vor Freude? Umso intensiver und „sinnesreicher" deine Vorstellung ist, desto mehr „Haken" schaffst du für dein Gehirn, sich diese Situation zu merken. Am besten ist es, wenn du ein inneres Sinnbild schaffst, vielleicht mit einem bestimmten Wort, einer Geste oder einer Melodie, das du wieder abrufst, um deinen Mut zu mobilisieren.

DAS RICHTIGE TIMING

„Courage is what it takes to stand up and speak;
courage is also what it takes to sit down and listen. "
Winston Churchill

Großes, jährliches Planungsmeeting bei Procter & Gamble. Der Geschäftsführer – ich nenne ihn mal Herrn Stradel* – thront über der Sitzung, 20 bis 25 Menschen im Raum, Team für Team stellt seine Marketingpläne und Budgetbedarfe vor. Die Stimmung ist angespannt, der Geschäftsführer will kleine Budgets mit großer Wirkung sehen (keine Überraschung). Immer wieder fordert er Änderungen der Pläne, will Anpassungen sehen. Sehr mutige Kollegen widersprechen, es gibt einen kurzen Schlagabtausch, jedes Mal „gewinnt" Stradel. Der Geschäftsführer ist ein ausgesprochen kluger und überlegter Mensch, der sich von guten Argumenten überzeugen lässt. Aber nicht und niemals vor großem Publikum. Da will er unangefochten seine Autorität und umfassende Kompetenz darstellen. Das ist kein guter Moment für Mut. Beim nächsten Vier-Augen-Gespräch bringe ich meine Argumente vor, wir diskutieren verschiedene Budgetszenarien und ich kann mit einem seriösen und durchdachten Plan von dannen ziehen. Für mein Ziel – genug Budget und Leute für meine Aufgaben zu haben – brauchte ich keinen Sieg vor großem Publikum. Ich brauchte nur das „Okay" von meinem Chef, und dafür hatte ich die passende Situation gesucht und gefunden.

Wenn du etwas willst, und du deinen Mut brauchst, wie kannst du die Situation so wählen, dass es möglichst einfach wird?

Nach seiner Covid-Erkrankung arbeitet Paul* wieder. In einer Teamsitzung rügt ihn seine Chefin, dass er während seiner Krankheit nicht an Meetings teilgenommen hat. Er beantragt Urlaub, und sie fordert von ihm, seinen Laptop mitzunehmen und ständig erreichbar zu sein. Diese Grenzüberschreitungen belasten ihn sehr, auch das Verhältnis zu

---

* Name geändert

seiner Chefin, die er ansonsten schätzt, wird schlechter. Er will Grenzen neu ziehen, und wir überlegen gemeinsam, wie er das angehen kann. Er entscheidet, dass er in einer Videokonferenz (sie ist in New York, er in London) seinen Wunsch nach Respekt nach seiner Genesung und nach ungestörtem Urlaub besprechen möchte. Dafür wird er einen Termin mit ihr vereinbaren – also nicht auf eine zufällige Chance warten, um dies zu klären. Weil sie dazu tendiert, sehr laut zu werden, sogar zu schreien, und ihn das schnell aus dem Konzept bringt, entscheidet er, in der Videoschalte den Ton sehr leise zu stellen und auch das Bild sehr klein zu machen. Andere bezeichnen sie als „terrifying" (furchterregend), und Paul findet seinen Weg, ihre Energie zu managen.

Was ich auch so wichtig an diesem Beispiel finde – Paul hat nicht sofort im Moment der Grenzüberschreitungen reagiert. Das kennen wir alle, nicht wahr? Wir wären gerne schlagfertig, hätten gerne eine schnelle Auffassungsgabe oder das diplomatische Geschick, eine Situation in unserem Sinne zu drehen. Klappt nicht immer. Ist nicht schlimm. Dann setzt du das auf die Agenda, bittest um ein Gespräch, setzt es auf die Tagesordnung, lädst zur Reflexion ein.

AUA, DAS TUT WEH! ODER AUCH NICHT.

Mut ist „Gefahr sehen und trotzdem gehen", und manchmal geht es schief. Bei meiner persönlichen „Mutbuchhaltung" habe ich festgestellt, dass alle negativen Konsequenzen, die ich bei fehlgeschlagenem Mut verbucht habe, mit meinen innersten Bedürfnissen zu tun haben: denen nach menschlicher Verbindung, nach Schaffenskraft, nach Anerkennung. Und all diese fehlgeschlagenen Anstrengungen haben akut richtig weh getan und sich irgendwann in mein Lebensnarrativ eingefügt – als große Erkenntnis, als Akzeptanz, als Selbst-Verständnis. Bei der einzigen Kündigung meines Lebens hat mir der Restrukturierungsgewinnerneuchef unter anderem gesagt: „Du hast sehr hohe Standards für deine Arbeit, und ich glaube nicht, dass wir die hier brauchen." Hmmm. Also so eine Kündigung ist schon demütigend, beängstigend und verunsichernd. Und ich wünsche mir bis heute, dass die nicht passiert wäre, weil ich lieber selbst gehe als gegangen zu werden. Aua. Das tut weh.

Oder auch nicht: Bei all dem Schmerz über den Abschied, ein zerschlagenes Team und zerstörte Aufbauarbeit – meine Einsichten in Konzernleben und Karrierebrüche, über gute und nicht so gute Chefs, über Feindschaften und Freundschaften sind aus erster Hand und wahr. Ich konnte verstehen, wie ich unter massivem Druck handle (nervös, meinen Werten treu, Gefahr laufend, eigene Interessen zu verletzen) und was mir weh tut (Verlust von Beziehungen, Zerstörung meiner Arbeit, mangelnde Anerkennung). Ich habe beobachtet, wie Menschen in komplexen Organisationen unter diesem massiven Druck agieren (oft im Selbstschutz, viel Angst, manche gelähmt, viele geschockt, manche sehr agil und geschickt). Das alles war so. Ich kenne diese Energien und kann (jetzt) mit ihnen arbeiten. Natürlich passiert es mir, dass ich in diese schwierigen Stunden, Tagen, Wochen emotional abtauche, mich schlecht fühle, und mich frage, woran „ich schuld bin, was ich hätte anders machen können, wie konnte das passieren?" Fehlgeschlagener Mut führt einen in dunkle Momente. Der Schritt raus aus diesen Schleifen ist der wichtige, weil ich das Gewesene, Geschehene nicht mehr ändern kann – die Erfahrung gehört zu meinem Leben, und jetzt nutze ich die für mein zukünftiges Leben. Dafür lohnt sich Mut.

Mut-Momente

Mit der **DSCO-Methode** kannst du dem Kopfkino, den gedanklichen Dauerschleifen Einhalt gebieten, und in schwierigen Momenten dein „Commitment" für deinen Mut finden. Statt immer wieder Geschehenes Revue passieren zu lassen („Drama"), betrachtest du die Umstände („Situation"), dann entscheidest du, welche Rolle („Choice") du zum Geschehen einnehmen willst und konzentrierst dich auf die zukünftigen Möglichkeiten („Opportunity"), die entstehen. So mobilisierst du Energie für die Zukunft, statt vergeblich „vergossene Milch" zu beweinen.

Manchmal brauchst du Mut, um dein eigenes Ding zu machen und nicht Wünsche und Anforderungen anderer zu erfüllen. Es gibt viele Momente, in denen **„Nein" sagen** mutig und richtig und wichtig ist.

In deinem Kopf siehst du dich auf der Bühne sprechen, im Meeting deine Meinung vertreten, kraftvoll eine Entscheidung treffen – und dann tust du es „nur halb", mit viel weniger Energie, Nachdruck, Präsenz, als es braucht. **Mobilisiere deinen Körper,** so dass dein Körper mit seiner Spannung und seiner Haltung dir und anderen mutige Tatkraft zeigt. Ein weiteres Mittel in solchen Momenten ist die **Visualisierung,** deine Gedanken schaffen einen inneren Film des Ergebnisses deines Muts: Dieses Erfolgsbild zieht dich regelrecht über die Schwierigkeiten und Anstrengungen hinweg, setzt die Energie frei, die es braucht, mutig zu sein.

Auch Mut braucht Timing. Vielleicht brauchst du etwas Vorbereitung für das kritische Gespräch, oder du ahnst, dass deine Chefin dir beim Mittagessen offener zuhört als im Team-Meeting, oder auch andersrum. Gib' deinem Mut eine Chance durch das richtige Timing.

DEIN MUT UND DIE ANDEREN

Wir Menschen sind soziale Wesen. Viele unserer Ängste und viele mutige Schritte beziehen sich auf unser Zusammenwirken mit anderen Menschen.

Wie andere unser Handeln betrachten, sagt viel über deren Ängste aus, und nicht jedes „mutige" Verhalten ist geplant – das konnte ich von einem Harvard-Professor lernen. Die progressive Kommunikation ist ein hervorragendes Mittel, angstauslösende Konflikte aus dem Drama in die Bearbeitung zu bringen. Was ist mutiges Verhalten in einem toxischen Umfeld? Und was machen wir mit dem Schmerz, wenn es mal schiefgeht, und sind Mutige manchmal nicht Helden, sondern einfach nur einsam? Wer Verbündete findet, braucht vielleicht etwas weniger Mut – und kann mehr Wirkung entfalten.

RESPEKT VOM HARVARD-PROFESSOR

Völlig verblüfft und schockiert musste ich zur Kenntnis nehmen, dass ich schon wieder verloren hatte. In unserem Führungskräfte-Training am Vassar-College spielten wir über viele Runden ein Verhandlungsspiel. Es war ein Standardspiel aus der Spieltheorie. Zu Beginn des mehrtägigen Trainings waren wir Teams zugewiesen worden. Diese Teams wurden nun für das Spiel neuen Gruppen zugeteilt und uns wurde ständig gesagt, wir würden für unser Team spielen. Entsprechend gab es eine Flipchart mit den Ergebnissen nach jeder der vielen Runden. In dem Spiel wird in jeder Runde von jedem der Gruppe angekündigt, wie er setzt. Dann setzt jeder verdeckt. Wenn alle gesetzt haben, „wird aufgedeckt". Wenn sich alle an die Absprache halten, bekommen alle Punkte. Wenn sich nur einer an die Absprache hält, verliert diese eine Person massiv, alle anderen gewinnen ein paar Punkte. Die Instruktion war: gewinne für dein Team. Nun dachte ich, ich kenne das Spiel. Ich hatte es vor Jahren schon einmal gespielt. In einem anderen Unternehmen. Dort war es so abgelaufen: Die ersten zwei Runden hat sich niemand an die Absprache gehalten, und alle haben verloren. Dann hat der analytisch begabteste und sozial mutigste erklärt, dass das Unfug ist. Wenn alle sich an die Absprache halten, gewinnen alle, die Summe der Ausschüttung ist größer in diesem Fall. Ab diesem Zeitpunkt haben sich alle an die Absprache gehalten. Das machte rechnerisch – und kulturell – für alle Sinn. In diesem Training war ich aber in einer anderen Organisation. Die Menschen waren nicht so analytisch, und anscheinend war auch die Kultur eine andere. Obwohl wir vor dem Spiel ein Video des CEO zu vertrauensvollem Verhandeln gezeigt bekommen haben, brachen die meisten meiner Mitspieler in jeder Runde ihr Versprechen. Nur ich nicht. Weil ich jedes Mal dachte, dass sie ja merken würden, dass das rechnerischer Unfug ist. Vor Aufregung, Frustration und Verunsicherung konnte ich das aber gar nicht gut erklären und vermitteln, so dass ich am Ende eine epochal „schlechte" Punktzahl einfuhr – für alle sichtbar auf der Wandzeitung (noch heute schlägt mein Herz schneller, wenn ich daran denke). Es gab nicht wenige, die mich mitleidig anguckten, und mich für eine verhandlungstechnische Vollidiotin hielten. Aber dann kam es: Der Harvard-Professor, der das Spiel angeleitet hat, und ein Standardwerk zu Verhandlungen geschrieben hat, gratulierte mir zu meinem Verhalten, und sagte, dass er das noch nie erlebt hätte. Danach kamen Menschen auf mich zu, und bedankten sich bei mir dafür, dass ich das getan hätte, wozu sie selbst nicht den Mut hatten. Was war passiert? War das wirklich mutig? Die Geschichte beginnt da, wo du nicht mehr einfach deinen Werten folgen kannst. Und ich musste mich zwischen „Ehrlichkeit", „Teamgeist" und „Erfolg" entscheiden. Außerdem dachte ich, es ist doch nur ein albernes Spiel, es geht um ein paar Punkte auf einer Wand, dafür brauche ich doch nicht meinen KollegInnen ins Gesicht zu lügen. Wenn ich vorher gewusst hätte, wie anstrengend das wird, hätte ich mich höchstwahrscheinlich anders entschieden, und wäre unbemerkt und selig unmutig durch dieses Spiel gerutscht. Und noch etwas anderes ist passiert: Ab irgendeiner Runde war ich gar nicht mehr mutig, sondern einfach hilflos und frustriert. Jede meiner Erklärungen des Spiels prallte ab, ich wurde immer nervöser, kopfloser – und konnte dann nicht mehr gut rechnen. So ist das, wenn im Hirn die Amygdala übernimmt und sich nur noch ums nackte Überleben kümmert. Da wird das Rechenzentrum abgeklemmt. Und ab da habe ich nicht mehr kapiert, dass ich verliere, sondern ganz diffus geglaubt, dass es noch „gutgehen würde". Am Schluss habe ich mich dumm und naiv gefühlt. So war das Punkte-Ergebnis des Spiels für mich und mein Team ein Desaster, doch für manche war ich der „Matchwinner" in ethischem Verhalten. Wozu diese Anekdote? Nicht alles, was mutig wirkt, ist mutig. Und es kann trotzdem gut sein.

„HALT EINFACH MAL DEN MUND!"

Caroline* ist von einem Kollegen dauergenervt, in einer Coaching-Session will sie den Umgang hiermit lernen. In gemeinsamen Gesprächen mit Kunden ihrer Großkanzlei regt dieser Kollege sie richtig auf: „Er redet viel zu viel, wiederholt sich, unterbricht mich sogar, oder gibt noch mal genau das wieder, was ich schon gesagt habe, und tut so, als hätte er das zum ersten Mal gesagt. Das macht einen richtig schlechten Eindruck, und ich glaube, er will mir und anderen beweisen, dass er besser ist als ich." Ich lade Caroline ein, mir zu sagen, was sie ihm sagen möchte. Los geht es: „Wir müssen vor unseren Kunden einen guten Eindruck machen. Wir wollen reif und weise wirken, die sollen merken, dass wir vorbereitet sind. Du laberst um des Laberns willen. Und dann wiederholst du dich und mich auch noch endlos. Das wirkt aufgeregt und unreif. Du musst kurz und knackig formulieren. Außerdem ist klar, ich gehe ins Lead. Und dann halt einfach mal den Mund." Das ist jetzt etwas verkürzt, aber das war die Essenz an Verdruss, Urteilen und Attacken, die Caroline ausgesprochen hat.

Wir wechseln die Rollen. Sie ist jetzt ihr Kollege, und sie hört sich aus meinem Mund diese Worte an. Erst ist sie zufrieden – „genau so ist es." Dann wird sie nachdenklich. Wie wird sich ihr Kollege fühlen, was wird er damit machen? Wir sprechen über die Wirkung von Urteilen, wie sie uns von anderen Menschen distanzieren, statt gemeinsamen Grund zu finden. Und wie wichtig es ist, sich über seine eigenen Bedürfnisse klar zu sein, wenn man so negative Gefühle hat wie sie gegenüber ihrem Kollegen.

Plötzlich sagt sie: „Jetzt weiß ich, wie ich es mache. Nämlich so: ich möchte immer besser in meiner Arbeit werden. Kannst du mir bitte helfen? Ich möchte üben, in Kundengesprächen sehr zugewandt aufzutreten, alles genau auf den Punkt zu bringen und ohne Wiederholungen auszukommen. Da wäre es auch gut, wenn du mich nicht unterbrechen würdest, wäre das okay für dich? Könntest du mir helfen und mir nach dem Gespräch auch Feedback geben, ob mir das gelungen ist?" Carolines

---

* Name geändert

Energie ist eine völlig andere geworden. Positiv, offen und mit Neugierde, wie der andere reagiert. Zu Beginn wollte sie „einfach alles loswerden" was sie immer wieder aufgeregt hat. Verständlich nach diesem ganzen aufgestauten Ärger, bringt halt nicht so viel Veränderung. Jetzt hat sie eine klare Intention, ist in Verbindung mit ihrem Bedürfnis zu lernen und kann sehr offen in das Gespräch gehen.

Oft braucht es so viel Mut, weil wir Kontroversen einfach falsch anpacken. Wir gehen in die Konfrontation, mit Vorwürfen, Urteilen und Forderungen, die wir vielleicht schon Stunden, Tage oder Wochen in unserem Kopf durchgespielt haben. Wir leben im Drama, in Urteilen, Verletzungen, Enttäuschungen, Ärger und Wut. Alle Konfliktparteien fühlen sich angegriffen, vielleicht bedroht – der Kampf geht los, und wird vielleicht auch beendet, mit einem Kompromiss, oder einem Sieg. Und was bleibt ist ein belastetes, negatives Verhältnis. In einer solchen Auseinandersetzung besteht „Mut" darin, sich durchzusetzen, das eigene Urteil als „wahr" zu positionieren und sehr oft darin, den anderen zu schwächen. Diese Aggressivität fühlt sich für manchen mutig an – weil aggressives Verhalten sich nicht in der Komfortzone befindet. Nur ist Aggressivität an und für sich nicht unbedingt in der Wachstumszone, sondern kann für uns und andere sehr zerstörerisch wirken.

PROGRESSIV KOMMUNIZIEREN

Mit Caroline habe ich „progressiv kommunizieren" ausprobiert, das in vielen Team-Coachings, in politischen Konflikten und auch in Schulen gelehrt wird. Marshall Rosenberg hat das Konzept (er nannte es „gewaltfreie Kommunikation") in den 80er Jahren entwickelt, und ich nutze es sehr viel, um blockierte und schlechte Beziehungen zu verbessern – diese Beziehungen in die Wachstumszone zu bringen. Auch wenn die schlechte Beziehung sich nicht wie eine „Komfortzone" anfühlt, braucht es Mut, aus den Mechanismen der schlechten Beziehung herauszutreten.

Das kann über die von Rosenberg entwickelte Herangehensweise gelingen. In dieser suchst du das Gespräch mit dem/der anderen, um als erstes das gegenseitige Verständnis herzustellen. Erst wenn das erreicht ist, geht es an Lösungen.

Bei der progressiven Kommunikation erlangst du erst einmal Klarheit für dich selbst: Welches Bedürfnis von dir wird durch die Situation/das Verhalten anderer verletzt? Wie wirkt sich das für dich aus? Was möchtest du in Zukunft erleben? Aus der letzten Antwort entsteht eine Bitte an das Gegenüber.

Was sich zu Beginn vielleicht formelhaft und künstlich anfühlt, kann ein echter „Gamechanger" in deinen Beziehungen werden, wenn du ohne Urteil kommunizierst und nicht den anderen für deine Gefühle verantwortlich machst.

In der progressiven Kommunikation schilderst du dem anderen die Situation, die den Konflikt ausgelöst hat, so objektiv wie möglich, als würde eine Videokamera mitlaufen. Dann erklärst du, welche Wirkung das auf dich hatte und welches Bedürfnis von dir verletzt wurde. Bevor du das tun kannst, brauchst du eine eigene Klärung, welches Bedürfnis gerade Schaden genommen hat. Allein diese innere Anerkennung wird dir guttun. Und dann sagst du, was du gerne möchtest und fragst den anderen, ob er dir diese Bitte erfüllen würde. Ob er das tut, und in welchem Ausmaß, ist Gesprächsthema, du kannst da keine Befehle erteilen.

Caroline hat sich in unserem Coaching auf die Formulierung des dritten und vierten Schritts konzentriert, und das kann manchmal auch reichen.

Grundsätzlich kann dieses Vorgehen einen Konflikt völlig verändern. Voraussetzung ist deine kooperative und respektvolle Haltung. In dieser Haltung übernimmst du Verantwortung für deine Bedürfnisse, deine Gefühle und deine Reaktionen auf die Aktionen anderer. Und du bist empathisch für die Bedürfnisse und Gefühle des/der anderen. Du beurteilst und verurteilst nicht das Handeln des Gegenübers, sondern artikulierst klar und deutlich, wie dieses Handeln deine Bedürfnisse verletzt. Das Geniale an der Methode: Ihr verständigt euch über die jeweiligen Bedürfnisse und besprecht zukünftiges Handeln, das diese möglichst weitgehend erfüllt. Die Prämisse des Gesprächs ist: alle Bedürfnisse sind legitim und unverhandelbar. Erst bei den Strategien zur Erfüllung kann es zu Kollisionen mit anderen kommen, und die können ausgehandelt werden.

Was hat diese progressive Kommunikation mit Mut zu tun?

Oft verwechseln wir „attackieren" mit „mutig sein" – wenn wir jemandem endlich mal all unsere Urteile, Frustrationen und negativen Gefühle um die Ohren hauen, in den Angriff gehen, da „trauen wir uns was". Wir sehnen uns nach der Überwindung dieser schlechten Beziehungslage und dann lassen wir es mal knallen. Die progressive Kommunikation sucht für deinen Mut nicht die Eskalation, sondern eine wirkliche Verständigung mit anderen Menschen.

Sich die eigenen Bedürfnisse bewusst zu machen und diese dem anderen zu offenbaren, ist für viele Menschen ein Schritt aus der Komfortzone. Und gleichzeitig kann dieser Schritt auch die innere Ehrlichkeit ermöglichen, die uns die Kraft gibt, nach einer guten Lösung zu suchen.

INTRIGEN, GIFTIGKEITEN, UND SOLCHE REALITÄTEN

Als erstes: du bist nicht allein, wenn du an und in deinem Arbeitsumfeld leidest. Als zweites: mach' was draus. Ich bin fest überzeugt: Wenn alle Beschäftigten, die an übelmeinenden Kolleg*innen und unfähigen Chefs und Chefinnen leiden, dieses Verhalten bewusst und gezielt angehen würden, gäbe es mehr Glück auf Erden. Ja, ich weiß, dass es ein Machtgefälle zwischen deinem Chef und dir gibt. Und wie hilflos man sich fühlen kann, wenn es jemand auf einen abgesehen zu haben scheint. Toxische Menschen suchen Fehler und Schuldige, fällen und verbreiten Urteile und stellen andere mit ihren „Schwächen" gerne bloß, manche schmieden Intrigen von langer Hand.

Und ich weiß auch: Ich kann dieses Tier der Angst, Abfälligkeiten und Respektlosigkeit füttern. Oder eine andere Energie der Freundlichkeit, der Sachorientierung und des Vertrauens mobilisieren. Es geht. Wirklich. Nicht immer. Aber ganz oft.

Wer wen als schwierig empfindet und was uns leiden lässt, ist individuell unterschiedlich. Manchmal stimmt die Chemie weniger, manchmal mehr, manchmal gar nicht. Ob wir bei anderen ein Gefühl der Irritation oder sogar der Bedrohung auslösen, kommt oft überraschend und unabhängig von unseren Intentionen. Was ist mutig im Umgang, wie findest du den Weg zu positiven Energien, wenn du dich oder dein Team als Zielscheibe von Angriffen empfindest? Hier einige Tipps:

- Finde die Chance in dem Geschehen: Was kannst du lernen, wie kannst du die Situation für dich nutzen? So schwer sich das erstmal anfühlt – such' das Geschenk in der Schwierigkeit.
- „Wer will ich sein, wie will ich wirken?" Deine Antworten auf diese Fragen bieten dir eine neue Haltung und neue Handlungsoptionen.
- Frag' was los ist. Ob du etwas gemacht hast, das den anderen irritiert oder verärgert hat. Höre es dir an, frage nach, um die Verletzung zu verstehen. Vielleicht willst du dich erklären, oder dein Bedauern ausdrücken, oder es einfach so stehenlassen. Eine Nachfrage kann dein inneres Kopfkino beenden, weil du jetzt weißt, was los ist.
- Finde gemeinsame Interessen. Was will der/die andere erreichen, was auch dir wichtig ist? Könnt ihr euch zusammentun?
- Reduziere die gemeinsame Zeit: Wenn alles nichts hilft, und es keine Annäherung oder Verständigung gibt, beschränke den Austausch auf das nötigste, erwarte nicht mehr als da ist und vermeide es, dem anderen mehr Energie als nötig zu geben.
- Versuche nicht, den anderen zu ändern. Du kannst nur deine Reaktion auf den anderen kontrollieren, nicht seinen Impuls.
- Statt dich aufzuregen, übe es, gelassen zu bleiben. Zähle bis 10, 100, 500 oder eine Million. Die Person wird sich nicht ändern. Du kannst nur dein Erleben ändern. Wer weiß, wozu das gut ist.
- Sei gewappnet bei wiederholten gezielten Angriffen, Demütigungen, Urteilen. Analysiere den Angriff, seine Energie, seine Intention, seine Wirkung bei dir und bei anderen. Achte darauf, nicht alles in dich hineinzufressen. Habe einen Vertrauten, vielleicht einen professionellen Coach, mit dem du Geschehnisse durchsprichst, begrenze auch wieder die Zeit, die du damit verbringst – das Kopfkino bindet deine Energie, hält dich in dem Konflikt und ist nicht lebensdienlich. Beschäftige dich mit Dingen, die du gut findest und die dir guttun.

Und noch ein wichtiger Hinweis: die eigenen Gefühle betrachten und benennen, und sich nicht ihnen ergeben: „Oh, da ist Angst" nicht „ich bin ängstlich". „Oh, da ist Wut", nicht „ich bin wütend".
Das hilft dir, in das eigene, bewusste Handeln zu kommen.

Wenn dein ganzes Team von dieser Dynamik betroffen ist, sprecht über euren Zweck, Erfolgsbild, Strategie und die Aufgaben, die ihr bewältigen könnt. Konzentriert euch auf konkrete Ergebnisse, die ihr zusammen produzieren könnt, so dass ihr als Team und individuell auch in einem schwierigen Umfeld noch professionellen Stolz entwickeln könnt. Vielleicht dehnt ihr das Entspannungsgemeckere auf 20 Minuten am Tag aus (siehe Seite 121) – aber immer in der Klarheit, dass man das zwar gerade braucht, und es keine Lösung bringt.

Und manchmal gelingt es nicht. Dann führen die Interessen und Entscheidungen derer, die die Macht haben, woanders hin, als du das möchtest. Wie kannst du damit umgehen, wenn du in eine solche Situation gerätst?

Finde raus, ob du das für ein isoliertes und kurzfristiges Problem hältst. Wie lange kannst du damit zurechtkommen und welchen Schutz kannst du für dich aufbauen? Kannst du dir den Freiraum schaffen, angstfrei, respektvoll und nachhaltig zu agieren? Dann mach das und schau, wie dein Beispiel und deine Ergebnisse positiv wirken.

Zeigen alle Signale auf Rot? So sieht seit langem die Kultur der Organisation aus, die mächtigsten Player verhalten sich so, schützen sich gegenseitig und bestrafen jede*n, die/der sich zu wehren scheint? Dann schütz dich, mobilisiere Vertraute und Verbündete, die dir in schwierigen Situationen Halt geben, und prüfe, ob du woanders hingehen kannst und willst.

Was ist hier mutig? Ich habe keine pauschale Antwort. Mit Rückblick auf meine Schlüsselmomente denke ich:

Manchmal einfach schweigen. Die Wellen schlagen zu hoch, die Strömung ist zu stark, die Emotionen sind viel zu aufgeheizt, um irgendeine Abweichung zu äußern. Ich würde einen Kurzschluss auslösen, der niemandem dient. Auch wenn ich innerlich eine Brandrede halten könnte, ich einen Heldinnen-Moment inszenieren könnte – ich lasse es. Ich dulde manches, was ich anders machen würde, setze Akzente, wo ich kann, und achte darauf, dass meine Entscheidungen den Blick in den Spiegel zulassen. Mein Moment wird kommen, früher oder später.

„Oder später" ist okay – wenn „später" nicht zu „nie" wird! Manchmal hat es sehr viel länger gedauert, als ich wollte, bis ich den Wechsel vollzogen habe. Und zum Glück, glaube ich, habe ich den Absprung jedes Mal vollzogen. Bleiben, obwohl du dich dauerverbiegst, halte ich für nicht lebensdienlich.

In Fällen von akutem Machtmissbrauch oder Grenzüberschreitung, solltest du das direkte Gespräch suchen oder mit der nächsthöheren Ebene sprechen, oder das Beschwerde-Telefon anrufen. In manchen Fällen rate ich auch zum Anwalt, weil die Giftigkeiten arbeitsrechtlich relevant sind. Und manchmal ist der Punkt erreicht, an dem du alle Energie in die Jobsuche steckst. Schlaflose Nächte, Ängste, Bedrücktheit sind nicht lebensdienlich, und wenn so etwas anhält, nagt das an deiner mentalen und körperlichen Gesundheit. Ich habe mich in meinem Berufsleben einmal offiziell beschwert. In einem Gespräch mit einer ranghöheren Person fühlte ich mich bedroht, gedemütigt und beleidigt. Die Person vollzog ihren Angriff so gezielt, cool und überlegt, dass ich mir sicher war – das ist nicht das erste Mal und anscheinend ist er damit bisher durchgekommen (was mir der Personalchef später bestätigte). Zuerst war ich nur schockiert über all das Gesagte und über die Intention des Angriffs – mich mundtot zu machen und mich durch Illoyalität von meinem Chef und direkten Kollegen zu isolieren. Dann habe ich meine Optionen betrachtet, mit meinem Chef gesprochen und entschieden, mich offiziell zu beschweren. Weil ich wollte, dass so eine Führungskraft sanktioniert wird und das nur geht, wenn ich was sage. Ich wusste, dass es wahrscheinlich zu keiner Sanktion kommt und meine Position in dem Unternehmen geschwächt sein wird. Da ich mir sehr klar über meine Bedürfnisse war – eine glaubwürdige, wahrgenommene Stimme im Unternehmen zu haben und loyal mit meinem Chef und meinen Kollegen zusammenzuarbeiten – konnte ich diesen Schritt gehen.

Wer ist noch an seinem Platz? Der Mobber. Ich war neu, ohne internes Netzwerk und mein Mut war größer als die Prinzipien der Organisation. Es ist woanders schöner!

Im Jahr 2021 werden Gerüchte um das Führungsverhalten eines Chefredakteurs eines deutschen Boulevardblatts veröffentlicht. Vorwürfe des Machtmissbrauchs, der sexuellen Beziehungen zu hierarchisch Abhängigen und des Drogenkonsums am Arbeitsplatz stehen im Raum. In einem Artikel wird berichtet, dass Betroffene sich durchaus an die nächsthöhere Ebene gewandt hatten, dies aber bisher keine ersichtlichen Konsequenzen hatte. Das ist einfach bitter. Wenn ich mir vorstelle, wie viel Mut es sicherlich gebraucht hat, die nächsthöhere Ebene anzusprechen, und dann passiert – nichts. Inzwischen ist der Chefredakteur entlassen, und zwar nicht wegen obiger Vorwürfe, sondern weil er gegenüber dem Arbeitgeber nicht wahrheitsgemäße Angaben gemacht hatte.

„DU BIST ABER MUTIG!"
VON DER EINSAMKEIT DER MUTIGEN

Alle außer mir stehen schnell auf, jeder will so schnell wie möglich aus der Tür. Wir sind das internationale Marketingführungsteam und haben soeben mitgeteilt bekommen, dass unser Chef die Firma (sofort) verlässt, wer der Nachfolger wird, dass es eine tiefgreifende Umstrukturierung geben wird und wir uns für Einzelgespräche zur Verfügung halten sollen. Also die Ankündigung eines „Blutbades" in Konzernsprech. Nur ich will weder aufstehen noch raus, weil ich noch lauter Fragen habe. Vor allem, wann und wie unsere Teams informiert werden und wie der weitere Ablauf sein wird. Also bitte ich meine Kolleg*innen, noch dazubleiben und stelle diese Fragen. Verwundert und genervt bekomme ich die Fragen beantwortet, dann sprechen wir uns halbwegs ab, wie es weitergeht.

Am nächsten Tag sagt mir meine Kollegin: „Gestern warst du die einzige mit Eiern, und Antonio sieht das genauso." Bis heute habe ich nicht verstanden, was sie und Antonio besonders mutig fanden. Wenn du es weißt, schreib es mir! Und ich habe verstanden, dass auch andere mein Verhalten mutig fanden, und mich das weiter qualifiziert hat, in meinem Einzelgespräch die Kündigung ausgesprochen zu bekommen.

Wenn jemand zu dir sagt: „Du bist aber mutig." oder „Das würde ich mich nie trauen!" und du das nicht so siehst, dann erfährst du drei Dinge: 1. Wovor diese Person Angst hat. 2. Du siehst kein Risiko und hast vielleicht einen blinden Fleck und 3. Du wirst allein dastehen, wenn es ungemütlich wird, denn das Risiko ist vielleicht größer als du denkst.

Den letzten Aspekt möchte ich nochmal betonen. Oft hören wir in einem „Du bist aber mutig" ein bewunderndes Kompliment, wittern Verbündete oder erwarten Gefolgschaft. Das ist ein Schnellschuss und ein Fehlschluss. Wenn das jemand zu dir sagt, frag' nach! Was findest du mutig? Wie schätzt du die Situation ein? Welche Risiken siehst du, die ich nicht wahrnehme? Wenn ich so mutig bin, und es schiefgeht, was wird dann deine Rolle sein, wirst du mir helfen? Die Antworten bieten dir vielleicht einen Blickwinkel und Einsichten, die dir fehlten.

VERBÜNDETE FINDEN UND AKTIVIEREN

In diesem Buch möchte ich dir gerne Wege zeigen, deinen persönlichen Mut zu finden. Welche Rolle spielen da andere Menschen? Meiner Erfahrung nach eine riesige Rolle. Ob in der Familie, im Freundeskreis, in beruflichen Zusammenhängen – wird dir dort Mut gemacht oder in deiner Komfortzone geschwelgt? Hast du Freunde, die sich über deinen Mut freuen, oder mit Missgunst und Eifersucht reagieren, wenn du wächst? Während wir uns nicht jede soziale Interaktion aussuchen können und mancher Mensch unausweichlich in unser Leben gehört, kannst du die Wirkung wichtiger Menschen auf deinen Mut beeinflussen.

Mein Verbündeter ist Oliver. In bald vierzig Jahren gemeinsamen Lebens haben wir unsere Familie gegründet, haben in verschiedenen Ländern und Konstellationen (inklusive meines Pendelns zwischen Paris und Minden und Amsterdam und Minden) gelebt. Als Studierende, Berufsanfänger, Aufsteiger, Selbständige ... Immer haben wir einen gemeinsamen Weg gefunden und immer konnte ich mich auf Olivers Mut machen und Stärkung verlassen.

„Was andere uns zutrauen, ist meist bezeichnender für sie als für uns" sagt Marie von Ebner-Eschenbach.

Hege und pflege die Menschen, die „an dich glauben", die dich immer wieder in wichtigen Situationen ermutigen, mit dir „danach" die Wunden lecken und dir beistehen.

Achte darauf, wer dich immer wieder entmutigt mit Sätzen wir „Das würde ich mich nie trauen!", „Bist du dir sicher?", „Das schaffst du nie!", „Das traue ich Ihnen nicht zu!".

Hör' genau hin, wie diese Menschen auf deine mutigen Pläne, Vorhaben und Intentionen reagieren. Wer will dich bremsen? Was ist deren Absicht?

Sprich mit den „Bremsern" über deine Ziele, was dir wichtig ist, und wieso du deswegen den Mut für deine Pläne brauchst. Fordere Unterstützung ein. Und mach klar, wie diese aussehen kann. Und was dich bremst und frustriert. Bitte um eine klare Bestätigung, dass sie dich verstanden haben und ob sie diese Rolle in deinem Leben haben wollen.

Wer diese Rolle nicht einnehmen will, wird seine Gründe haben. Wenn diese Person sehr wichtig in deinem Leben ist, und ihre/seine Haltung maßgeblich für deinen zukünftigen Mut ist, sollte das Gespräch weitergehen. Verstehe die Gründe. Löst dein Mut vielleicht Angst aus („Wenn du die tolle Stelle annimmst, hast du weniger Zeit für die Familie und alles bleibt an mir hängen.")? Macht gemeinsame Pläne, trefft klare Verabredungen. Wenn ein Bremser weiterhin bremsen will – „so be it". Entscheide dich, was dir wichtig ist. Vermeide, andere für ihre Haltung zu verurteilen. Konzentriere dich auf deine Ziele und deinen Aktionsspielraum.

Ich bin ich froh und dankbar, um mich herum lauter Menschen zu haben, die mir im Zweifel mehr zutrauen als ich selbst und die mir Mut zusprechen, wenn der mir mal ausnahmsweise abhandengekommen ist. Oft habe ich entmutigende Menschen sehr flott links liegengelassen (und manche von ihnen haben vielleicht versucht, mich vor einem großen Fehler zu warnen). Ja, natürlich bin ich Menschen begegnet, die mich kleinmachten, fies kritisierten und mir meine Träume absprachen. Die nehme ich nicht mit in meinem Leben. Wenn es geht, breche ich den Kontakt einfach ab (die herablassende Personalberaterin, den jovialen Studienkollegen kann ich stehenlassen oder aus meinem Adressbuch streichen). Und wenn das nicht ging („Hurra, mein Chef traut mir das nicht zu!")? Beweisen, was ich kann und möglichst schnell Umfeld ändern und da hingehen, wo ich wachsen kann. Hat im Großen und Ganzen geklappt, nicht immer auf die Schnelle.

Soweit zu deinem ganz persönlichen, individuellen Mut. Mit den Reflektionen und Übungen in den letzten Kapiteln hast du deinen Handlungsspielraum erweitert, neue Einstellungen gefunden, Instrumente ausprobiert. Im nächsten Teil des Buches konzentriere ich mich auf „mutige Führung" – wie du ein Umfeld schaffen kannst, indem auch andere mutig agieren können und wollen.

Dein Mut und die anderen

Mit der **progressiven Kommunikation** brauchst du (fast) keinen Mut, um Spannungen und Konflikte zu bearbeiten. Ohne Schuldzuweisungen und Urteile schaffst du eine bessere Verständigung und findest neue Lösungen im Miteinander. Dies gelingt, weil du deine Bedürfnisse und die anderer respektierst. Dieser Respekt reduziert Spannung und Aggression und du kannst dich an die Problemlösung begeben.

In einem intriganten, negativen, aggressiven Umfeld kann Mut verkümmern. Nutze das DSCO-Modell, um dich aus den Dramen herauszuhalten. **Konzentriere dich darauf, was du willst und wie du sein möchtest.** Bleib' dir treu und lass' dich nicht verheizen. Finde wenn irgend möglich Verbündete oder einen Coach, mit denen du dich austauschen kannst, so dass du dich nicht einsam fühlst. Im 2. Teil des Buches besprechen wir, wie du ein soziales System verändern kannst, so dass die Menschen in diesem System lernen, sich positiver, offener und kollegialer zu verhalten.

Nicht jede*r, der oder die deinen Mut bewundert, wird dein*e Verbündete*r sein. **Verwechsele Bewunderung nicht mit Bündnis.**

Mut
in Organisationen

WIE SCHAFFST DU EIN MUTIGES UMFELD?

In den nächsten Kapiteln spreche ich darüber, wie wir Verantwortung für mehr Mut in Teams, Organisationen, Unternehmen übernehmen. Ganz besonders, wie wir in Organisationen so agieren können, dass möglichst viele mutig agieren und für eine gemeinsame Sache aus ihrer Komfortzone herauswachsen. Ich werde viel über „Führung" sprechen, und meine damit die Kapazität, Menschen zu bewegen. Nicht mehr, nicht weniger. Das kann eine formale Aufgabe mit Entscheidungsrechten und Rechenschaftspflichten in einem Unternehmen, einem Verein sein. Das kann auch dein Einfluss ohne formale „Machtausstattung", ohne Titel, Budgets und weitere Ressourcen sein. Das Gute: Wenn du Menschen bewegen kannst, durch formalen oder informellen Einfluss, kannst du dich für mehr Mut einsetzen. Damit ermöglichst du Wachstum, Veränderung, Wirksamkeit.

Es gibt Bedingungen, die es Menschen leichter machen, individuell mutig zu sein. Von denen spreche ich in den folgenden Kapiteln und lade dich herzlich ein, diese in deinem Umfeld herzustellen und zu fördern. Dies sind Bedingungen, aber keine Garantien für mehr Mut. Ob Mut passiert, entscheidet sich dann in Mikro-Momenten. In denen ein Mensch zum Beispiel seine Meinung formuliert, ein Kollege zustimmend nickt, sich ein Vorgesetzter nach vorne lehnt und Augenkontakt sucht, um zu unterstützen.

Umso größer dein Einfluss ist – durch Position oder durch deine Persönlichkeit – desto mehr kannst du beitragen, dass Menschen ihre Angst überwinden und mutig handeln können.

„Mut ist die Kapazität, Angst zu überwinden, auch wenn dabei unangenehme, schmerzhafte oder schwer kalkulierbare Folgen auftreten können." Davon brauchen wir viel – in Unternehmen, Organisationen, der Politik. Die Herausforderungen, die sich die Menschheit selbst zusammengebraut hat, bekommen wir nicht mit „weiter so" bewältigt.

Im ersten Teil diskutiere ich grundsätzliche Fragen zu Mut in Organisationen an – was in der heutigen Welt besonders schwierig und besonders notwendig ist, welche Rolle Führung hat und wie es um Moral und Verantwortung steht.

In einem Zwischenschritt beschreibe ich die „Ängste in Organisationen", die mir in meiner Karriere in Konzernen, im Coaching von Führungskräften, in Wirtschaft und Politik in den letzten Jahren begegnet sind.

Im dritten Teil wird es sehr viel praktischer – systemische Fragen und Werkzeuge für die mutige „Verfasstheit" von Organisationen biete ich dir hier mit einem „Kompass für die mutige Organisation" an.

Im vierten Teil gibt es – analog zu den persönlichen Mutmachern – organisatorische Mutmacher. Welches kollektive Mindset Mut macht, wie du mutig führen kannst, welche systemischen zusätzlichen Hebel es gibt und wie du den Mut zur Veränderung mobilisieren und steuern kannst.

MUT IN DER VUCA-WELT

I must choose between despair and energy??
I choose the latter.

John Keats.

Die Welt scheint sich immer schneller zu drehen, Krisen überlappen sich, verstärken sich gegenseitig, dramatische Ereignisse durchkreuzen kluge Pläne – willkommen in der „VUCA-Welt", einer Welt voller volatiler (Volatile), unsicherer (Uncertain), komplexer (Complex) und widersprüchlicher (Ambiguous) Entwicklungen und Ereignisse. Der Begriff wurde Anfang der 90er Jahre des letzten Jahrhunderts im US-amerikanischen Militär angesichts des Zusammenbruchs des Ostblocks zur Beschreibung der großen weltpolitischen, wirtschaftlichen und technologischen Veränderungen eingeführt und wird aktuell in vielen Führungstrainings, Managementratgebern etc genutzt. (Quelle: https:// usawc.libanswers.com/faq/84869. [aufgerufen 17.5.2022])

Für Organisationen bedeutet VUCA-Welt: die Anforderungen an Führung haben sich massiv gewandelt, ständig müssten wir Gelerntes und Bewährtes hinter uns lassen, um den Aufgaben gerecht zu werden. Wir wissen aber nicht, wie wir das anstellen sollen. Das ist schwer, das macht Angst. Mut ist gefordert, weil die Folgen unseres Handelns schwer abzuschätzen sind und uns ständig Diskontinuitäten einen Strich durch die Rechnung machen. So wie Putin unserer Sehnsucht nach Normalität nach zwei Jahren Pandemie-Bedingungen. Mut ist auch gefordert, weil wir uns von alten Bildern von Führung verabschieden können. Ein Bild, in dem eine Führungskraft alle Antworten hat, immer sagen kann, „wo es lang geht" und auch über ausreichendes und richtiges Wissen und alle nötigen Kompetenzen verfügt. Das ist in der VUCA-Welt nicht möglich. Dafür ist die Schlagzahl zu hoch, die Bandbreite an Themen zu groß und mehr Menschen müssen zur Lösung beitragen. Deswegen halte ich es für so wichtig, mit und in der Organisation einen starken, verbindlichen Kompass zu verabreden (siehe Seite 103 ff), anhand dessen man kontinuierlich Ergebnisse, Ereignisse, Störungen und Krisen einordnet und die nächsten Schritte verabredet.

Ich möchte mich hier in einen Aspekt weiter „reinbohren", den ich für das Thema „Mut" für besonders wichtig halte: Komplexität. In unserem alltäglichen Sprachgebrauch benutzen wir die Worte „komplex" und „kompliziert" oft beliebig. Bei dem Begriff „VUCA" steht das „C" für „complex", nicht für „complicated", und ich möchte dich einladen, den Unterschied kennenzulernen und für dein mutiges Handeln zu nutzen.

Etwas ist kompliziert, wenn es viele Elemente gibt, die in Wechselbeziehungen stehen, und diese Wechselbeziehungen berechenbar sind: „schwierig; verwickelt; [aus vielen Einzelheiten bestehend und daher] schwer zu durchschauen und zu handhaben", so sagt es der Duden. Bei einem komplizierten Problem sind Ursache und Wirkung eindeutig bestimmbar, auch wenn es lange dauern kann, die korrekten Formeln zu finden und die Prozesse abzubilden. Wenn die Wechselbeziehungen definiert sind, kann man die Handlungen verabreden und durchführen, die führen dann zur gewünschten Wirkung. Analysen, Modelle, Experten-Interviews, Prozessdefinitionen, KPI (Key Performance Indicators) und OKRs (Objectives und Key Results) können alle helfen, komplizierte Phänomene zu verstehen und zu steuern. Im Kern gibt es bei allen komplizierten Phänomenen den „einen Knopf zu drücken", und das finden die meisten Menschen ganz wunderbar.

Etwas ist dagegen komplex, wenn es „vielschichtig ist; viele verschiedene Dinge umfassend", wie es auch hierzu der Duden sagt. In einer komplexen Lage gibt es viele Wechselbeziehungen. Diese sind nicht oder nur zum Teil berechenbar, und daher sind auch Ergebnisse von Handlungen schwer vorherzusehen. Die verschiedenen Elemente sind oft keine „Dinge", sondern menschliche Akteure, einzeln oder in Organisationen. Hinzu kommen Umweltphänomene, wie die Klimakatastrophe, deren Folgen die Wissenschaftler zum Teil berechnen können, und die uns im praktischen Leben dann doch immer wieder Überraschungen und auch Katastrophen bereitet. Die Methoden, die bei komplizierten Problemen gut greifen, reichen für komplexe Phänomene nicht aus. Die Suche nach dem „einen Knopf" ist vergeblich, das frustriert und führt oft zu Spannungen, Konflikten und Verzweiflung bei den Betroffenen.

Es ist mutig, anzuerkennen, dass man die Kompliziertheit verlassen hat und bei einem komplexen Problem gelandet ist. Es ist mutig, sich einzugestehen, dass viele gute Methoden bei einer komplexen Gemengelage nicht ausreichen werden. Es ist mutig, neue Wege zu verabreden, mehr Menschen in die Betrachtung und ins Handeln einzubeziehen. Es ist mutig, allen, die „man müsste einfach mal"-Vorschläge machen, die Begrenztheit des „Knopfglaubens" vor Augen zu führen. Es ist mutig, die Geduld, die Sorgfalt und die Kraft aufzubringen, sich dem komplexen Phänomen so zu widmen, dass wirklich nachhaltige Strategien gefunden werden können. Das gilt für die Klimakatastrophe, kriegerische Konflikte, eine Pandemie-Bekämpfung – und vielleicht auch für ein akutes Problem in deiner Kommune oder in deinem Unternehmen. Mutig ist es, die Situation so zu nehmen, wie sie ist. Nicht, weil wir sie gut finden, sondern weil sie so ist. Erst wenn wir eine Situation anerkennen, unsere Energie nicht aufs „schön und anders reden" verwenden, kommt die nötige Kraft für die Veränderung.

Ob uns die Außenwelt mit Kompliziertheiten oder Komplexitäten herausfordert – lass' uns verstehen, welchen Ängsten in Organisationen wir begegnen und was wir in diesen spannenden Zeiten an Führung brauchen.

Mut in der VUCA-Welt

Schnelle Veränderungen, unsichere Ausblicke, komplexe Probleme und widersprüchliche Anforderungen prägen die **VUCA-Welt.** Die Ergebnisse unseres Handelns sind schwer abzuschätzen und Wahrheiten von gestern sind vielleicht morgen obsolet. Es braucht **gute Dialoge** zwischen Expert*innen und Entscheider*innen, um den richtigen Weg zu finden. Es braucht einen **guten Kompass** über Zweck und Werte, die unser Handeln leiten. Wir sprechen mit allen Beteiligten über diesen Kompass, die Faktenlage und Handlungsoptionen. Und wir entscheiden und handeln mutig – weil wir mit unserem **Handeln ins Risiko** gehen.

MUT UND VERTRAUEN UND FÜHRUNG

Erst wenn wir Mut sehen, können wir wirklich vertrauen.

Kennst du das – da kommt ein neuer Chef, eine neue Kollegin in die Abteilung, in das Unternehmen. Die Gerüchteküche tobt, alle tauschen sich über die Person aus und immer kommt irgendwann die Frage „Kann man ihr/ihm vertrauen?". Das wird dann üblicherweise anhand von Beispielen und Geschichten über diese Person überprüft. Und sie ist nicht vertrauenswürdig, wenn erzählt wird, „hängt ihr Fähnchen nach dem Wind", „hat nur seine persönlichen Interessen im Blick", „hat Mühe, Entscheidungen zu treffen", „widerspricht nie der Geschäfts-/ Abteilungsleitung, sagt zu allem ja und amen, egal wie verkehrt es ist ...", „hält seine Leute klein, damit er bloß keine Konkurrenz bekommt". Die Person ist nicht vertrauenswürdig, weil sie kein mutiges Verhalten zeigt, nie ins Risiko geht, um Versprochenes, Angekündigtes, Behauptetes umzusetzen, sobald es nicht sicher ist, ob es auch klappt. Wenn kein mutiges Verhalten beobachtet wird, gibt es auch kein wirkliches Vertrauen. Gesagtes reicht nicht, erst wenn du durch risikobereites Verhalten deinen Worten Taten folgen lässt, werden Menschen wirkliches Vertrauen entwickeln.

Vertrauen ist das Ziel mutiger Führung. Weil Vertrauen Menschen guttut und so die Arbeit mehr Freude macht. Und aus Vertrauen entsteht eine höhere Leistungsfähigkeit von Teams und Organisationen. Paul J. Zak, Autor des (nicht ins Deutsche übersetzten) Buches „Trust Factor: The Science of Creating High-Performance Companies" hat erforscht, wie sich ein vertrauensvolles Arbeitsklima auf die Leistungsfähigkeit in Unternehmen auswirkt. Die Resultate seiner 2016 durchgeführten Studie sind beeindruckend (zitiert nach https://hbr.org/2017/01/the-neuroscience-of-trust, Seite 9ff, übersetzt von der Autorin [aufgerufen am 20/02/2017]). Beschäftigte in Organisationen mit einer stark vertrauensvollen Kultur berichten von doppelt so viel Energie, mehr Engagement, höherer Produktivität und höherer Bleibebereitschaft als Beschäftigte in Unternehmen mit schwach ausgeprägtem Vertrauen.

Wirkliches Vertrauen entsteht durch Zuverlässigkeit, auch unter widrigen und risikoreichen Umständen. Erst wenn andere merken, dass ich persönlich Schwierigkeiten oder Nachteile in Kauf nehme, kann tiefes, wirkliches Vertrauen entstehen. Deswegen hat Claudia mir erst wirklich vertraut, als wir zusammen Magnus widersprochen haben. Damit hat sie nicht gerechnet, weil es sich für mich hätte nachteilig auswirken können, mich in dieser Unternehmenskultur gegen einen sehr einflussreichen Landes-Chef zu stellen .

Ähnlich hat das Oliver Kastalio, CEO von WMF, erlebt. Er sieht das so: „In diesem komplexen Gefüge braucht es Authentizität, eine starke Verbindung zwischen „Hirn und Herz und Bauch", sichtbare Integrität von Werten und Handeln, der Mensch muss immer sichtbar bleiben. Dann wird man als positive Autorität anerkannt. Und wenn man authentisch ist, führt man mutig. Weil es immer wieder Situationen gibt, in denen die Antwort auf die komplexen Anforderungen außerhalb der Komfortzone liegt. Dann entscheidet man sich für ein Prinzip, oder einen Wert, oder ein bestimmtes Ziel und geht in die Konfrontation, in das Risiko."

Als ich bei meinem vorletzten Arbeitgeber meine Aufgabe antrat, übernahm ich ein Führungsteam sehr erfahrener Mitarbeiter*innen. Zusammen entwickelten wir eine ehrgeizige Strategie mit weitreichenden Zielen. Ich wusste, dass wir viel vorhatten und dass diese Leistung nur kommen würde, wenn mir diese Menschen – die mich alle nicht kannten – sehr schnell volles Vertrauen entgegenbringen würden. Dieses Vertrauen speist sich einerseits aus der Sachkompetenz – und zusätzlich aus der erlebten persönlichen Integrität und Verlässlichkeit. Integrität und Verlässlichkeit beeindrucken uns nicht, wenn sie einfach erfüllt werden können, sondern wenn man auch gegen Druck und in schwierigen Zeiten Risiken auf sich nimmt, und sich dann dennoch an diese Prinzipien, Absprachen, Versprechen hält. Als ich nach vier Jahren das Unternehmen verließ, hatten wir fast alle Ziele und Bausteine der Strategie erreicht – und zwar zwei Jahre schneller, als ich für möglich gehalten hatte. („Fast" – weil ich auch einer neuen Unternehmenskultur den Weg ebnen wollte, und das braucht eher sieben als vier Jahre). Und ich hatte von meinem Team Vertrauen gewonnen, weil es erlebte, dass ich mich an Vereinbartes hielt, auch wenn das schwierig war – in dem ich zusätzliche Projekte ablehnte, mich vor meine Mitarbeiter gestellt habe, ihnen Freiräume gab, meinen Chefs widersprach, ehrgeizige Ziele formulierte, Zögernde mit Geduld für unsere Strategie gewann. Grundlage all dieser Interventionen war einerseits diese klare

Strategie. Die ermöglichte es uns allen, offen um die besten Lösungen zu streiten. Andererseits hatte ich persönliche Überzeugungen, wie ich das Team führen wollte, habe diese transparent gemacht, so dass mich alle auch daran messen und fordern konnten. So habe ich mich im positiven Sinne „berechenbar" gemacht.

Was schafft Vertrauen? Diese Frage habe ich in einem Workshop gestellt, und das Ergebnis war so „banal" wie bewegend zugleich. Banal, weil eigentlich alles, was wir an Gedanken sammelten „Kindergarten-Pädagogik" war: man hält, was man verspricht. Man gibt nicht die Arbeit eines anderen für die eigene aus. Man spricht nicht schlecht über andere. Man hilft. Man sagt was Nettes, wenn jemand was gut macht. Man lügt nicht. Man zeigt nicht mit dem Finger auf andere. Man setzt keine Gerüchte in die Welt. Und so weiter und so fort. Kindergarten-Pädagogik eben. Bewegend war, dass sich diese Liste für die Anwesenden sehr weit weg von dem beruflichen Alltag darstellte – und das fühlte sich wiederum falsch an. Und es ist auch falsch: Alle diese Verletzungen untergraben das Vertrauen in der Organisation. Und ein Mangel an Vertrauen am Arbeitsplatz kostet die Gesundheit und die Leistungsfähigkeit von Mitarbeitern (siehe „The Neuroscience of trust" von Paul J. Zak, HBR.org/2017/01) wie auch die offene Kommunikation und die schnelle Reaktionszeit einer Organisation. Vertrauen ist der entscheidende Faktor einer leistungsfähigen Organisation – und es wird von den Führungskräften geschaffen.

FÜHRUNG, MUT UND MORAL

In meinen Augen ist mutige Führung auch „moralische Führung". Allen Zyniker*innen, Pragmatiker*innen und Frustrierten spreche ich diese herzliche Einladung aus – mutige Führung ist moralisch, weil sie die menschliche Entfaltung und Unversehrtheit zum Ziel hat. Egoistische Zielverfolgung ohne Rücksicht auf Verluste und moralische Normen führt einen vielleicht aus der Komfortzone – und ist insofern „mutig" – ist aber überhaupt nicht das, wofür ich hier Kraft, Rückenwind und Unterstützung bieten möchte. Moralische Integrität ist die Leitschnur mutiger Führung, und ich hoffe, du findest in diesem Buch Anregungen und Inspiration, diese für dich umzusetzen.

Gibt es „moralische Imperative", die wir in unserem mutigen Führen verfolgen? Wie stellen sich diese dar? Das sind meine aktuellen Antworten:

„Alle Menschen sind frei und gleich an Würde und Rechten geboren. Sie sind mit Vernunft und Gewissen begabt und sollen einander im Geiste der Brüderlichkeit begegnen", so lautet der erste Artikel der Allgemeinen Erklärung der Menschenrechte (zitiert nach https://www.humanrights.ch/de/ipf/grundlagen/rechtsquellen-instrumente/aemr/ [aufgerufen am 17.05.2022]). Mutige Führung ist respektvoll, wertschätzend und bietet Zusammenarbeit „auf Augenhöhe". Mutige Führung spricht Akte von Demütigung, Diskriminierung und sozial-destruktivem Verhalten an, fordert Veränderung – und sanktioniert, wenn dies nicht nachhaltig vollzogen wird. Ob das dann eine Versetzung, Nicht-Beförderung oder Kündigung ist, da kommt es dann auf die Umstände an. In ehrenamtlichen Zusammenhängen (NGOs, Parteien etc.) ist das oft langwieriger, muss aber genauso angegangen werden.

Menschenleben sind wichtiger als Profit. Das Beispiel von Benno Dorer bei Clorox, (siehe Seite 109), die wirtschaftlichen Sanktionen gegen Russland wegen des Krieges gegen die Ukraine, Whistleblower – immer wieder entscheiden sich Menschen für ethisches Verhalten. Das ist richtig und kostbar.

Das Klima retten, den kompletten Umbau unserer Wertschöpfung von „schwarzen" zu grünen Energien vollziehen, ist dringlich, die Alternativen sind tödlicher und teurer als das Aufschieben. Es braucht große Projekte, Konsequenz und Tatkraft, unsere Wirtschaft weiterzuentwickeln. In jeder Organisation, in jedem Unternehmen ist dies Aufgabe – also auch für jede Führungskraft.

Frieden und Kooperation. Diese Zeilen schreibe ich eine Woche, nachdem Putin den Krieg gegen die Ukraine begonnen hat. Wenn du diese Zeilen liest, ist viel geschehen. Ich sehe schreckliche, mögliche Szenarien vor mir und ein paar Optionen, die mehr Kooperation, weniger Gewalt bringen. Wege aus Gewaltspiralen, heraus aus militärischen Konflikten durch solide und tragfähige Vereinbarungen, brauchen viel Mut und Kraft, den Einsatz von vielen für Demokratie und friedliche Konfliktlösung.

Ermutigende Führung will Gerechtigkeit stärken. Ob in Fragen der Diversität und Inklusion, den Gehaltsstrukturen im Unternehmen, Redezeit in politischen Parteien: Gerechtigkeit ist eine wichtige moralische Aufgabe für ein gedeihliches Zusammenleben. Gerechtigkeit ist ein Grundbedürfnis von Menschen, erlebte Ungerechtigkeit strengt unglaublich an, schürt negative Gefühle, vor allem Wut und Aggression. Ich kenne viele Führungskräfte, die mit unfairem Verhalten spielen, weil sie es „witzig" finden, wie sich ungerecht Behandelte quälen lassen, ihre Kraft verlieren, defensiv werden. Mutige Führung bemüht sich um gerechte Systeme, fairen Umgang und Verhandlungen auf Augenhöhe.

HÖHER, SCHNELLER, WEITER – WAS LEITET UNS?

Mehr Umsatz und Ertrag als letztes Quartal, weniger Kosten als vor drei Jahren, effizienter als der Wettbewerb, steigende Profitabilität seit sechs Quartalen usw. usf. – Powerpoint-Präsentationen und Geschäftsberichte sind gespickt mit solchen Erfolgsmeldungen finanzieller Kennzahlen. Die Dividende für die Investoren muss stimmen, sonst geht das Geld woanders hin – dahin, wo man mehr für sein Geld bekommt. Wie soll das weitergehen? Dieses System hat wenigen immensen Reichtum beschert, sehr vielen einen angenehmen Wohlstand, und noch vielen mehr ein Leben in Armut. Und uns allen die Ausbeutung unserer natürlichen Ressourcen und die Zerstörung des Klimas gebracht. Die Zukunft der Menschheit ist gefährdet, und umso ärmer die Bevölkerung und der/die Einzelne, desto schwärzer die kollektiven bzw. individuellen Aussichten auf ein gutes Leben.

Der Umbau unserer Gesellschaft, „in der die Natur und die Menschen versöhnt sind" (Maja Göpel, „Unsere Welt neu denken", Seite 183 ff)) braucht viele – uns alle. So beschreibt Maja Göpel diese Vision: „Eine Zukunft, in der all die großen und kleinen Treiber befriedet sind, die uns zu einer Lebensweise anregen, die heute weder das größte Glück für die größte Zahl bringt noch zulässt, dass sich die Lebensgrundlagen regenerieren, von denen Glück für uns alle abhängt. Eine Zukunft, in der wir wieder besser teilen können und gelernt haben, auch mal zufrieden zu sein mit dem, was ist."

Der Abschied von der finanziellem „mehr, mehr, mehr"-Doktrin wird dauern, aber anfangen müssen wir jetzt. „Wertschöpfung" können wir weiter fassen als in monetären Input-Output-Kalkulationen – in sozialen, kulturellen, ökologischen Werten, die ein Prozess, ein Unternehmen oder eine Gesellschaft hervorbringen. Dieser Umbau fordert den Mut vieler, der findet nicht in einer kollektiven Komfortzone statt. CO_2-reduzierte Mobilität, massiver Rückgang der Abfallmengen, Kreislaufwirtschaft werden bisherige Wertschöpfungsketten obsolet machen und von uns allen neues Verhalten verlangen. Hierzu braucht es neue Konzepte, viel Verständigung, andere Gesetzeslagen, für die wir mutig sorgen können.

In den folgenden Kapiteln lade ich ein, Organisationen so zu gestalten, dass gemeinsame Anliegen und individuelle Wirksamkeit in einen kontinuierlichen kreativen und produktiven Austausch kommen. Für tolle Ergebnisse, gute Arbeit und einen ermutigenden Umgang.

Führung, Mut und Moral

Wenn du viel(e) bewegen willst, schaffst du **vertrauensvolle Verbindungen.** Menschen bewirken mehr, sind kreativer und gesünder, wenn sie Vertrauen spüren. In Verbundenheit mit anderen gemeinsam zu arbeiten, ist eine Quelle purer Lebensfreude. Mutiges Verhalten, das Sagen und Tun in Einklang bringt, schafft Vertrauen.

Ermutigende Führung folgt einem **moralischen Kompass** und macht diesen transparent.

Unsere Welt braucht viel mutige Führung für eine klimagerechte, friedliche, gerechte Welt – weil sie „VUCA" ist und **viele Anforderungen nicht mit alten Konzepten** angegangen werden können. Für einen solchen Umbau braucht es den Mut vieler Einzelner, die dort, wo sie wirken können, aus der Komfortzone kommen und **neue Wege fordern, anbieten, bereiten, ermöglichen.** Das ist nicht nur legitim, sondern angesichts der von uns hervorgebrachten Krisen die Aufgabe, die uns ruft.

ANGST IN ORGANISATIONEN

Hier mein Überblick über Ängste in Organisationen, beobachtet und gesammelt in vielen sozialen Systemen, in denen meine Coachees oder ich in den letzten Jahrzehnten gewirkt haben.

ÄNGSTE WEGEN EXTERNER ENTWICKLUNGEN

Wie besprochen verursacht die „VUCA-Welt" (volatil – unsicher – komplex – widersprüchlich) bei vielen Ängste: Die Unvorhersehbarkeit, die hohe Schlagzahl an Ereignissen, das Ausmaß der Veränderungen und die Verwickeltheit möglicher Lösungen strengen uns an.

Die Umsätze schrumpfen, dann auch die Gewinne, man kann nicht so schnell Kosten einsparen, wie das Geld fehlt. Weil die Märkte schrumpfen, die durch neue Angebote obsolet werden (denke an Kutschen, mechanische Schreibmaschinen, das Schnurtelefon, Kassettenrekorder und und und). Oder weil ein (neuer?) Wettbewerber viel erfolgreicher ist und einen vom Markt „fegt". In der Organisation geht die Angst um Arbeitsplätze und Aufstiegsmöglichkeiten um.

Umsätze und Gewinne sind so weit okay, die Wertschöpfung verschiebt sich aber massiv, **das bisherige Geschäftsmodell funktioniert nicht mehr,** es folgen interne Umstrukturierungen, die Angst und Sorge verbreiten: Verlagerungen von Arbeitsplätzen ins Ausland, Digitalisierung und Automatisierung bisheriger Arbeitsschritte – Arbeitsplätze stehen zur Disposition und Menschen haben Zukunftsangst.

Rechtliche Anpassungen und politische Entwicklungen erfordern eine massive Veränderung der Prozesse. Wo man früher relativ frei und nach Gutdünken gestalten konnte, stehen jetzt existentielle Strafen oder der Entzug der Geschäftserlaubnis im Raum. Die Klimakrise und unsere CO_2-Einsparungsziele schieben ganz viele Unternehmen vor die Aufgabe des umfassenden Umbaus der gesamten Wertschöpfung, wenn sie langfristig überleben wollen. Das zahlt sich nicht aus der Portokasse, es fehlen vielleicht wichtige Kompetenzen und niemand kennt die vollständige Lösung. Alle bisherigen Angänge sind unzureichend.

INTERN VERURSACHTE ÄNGSTE

Da ist die **aggressiv-despotische-einschüchternde** Führung, die aktiv Menschen bedroht, regelrecht Gehorsam verlangt, keinen Widerspruch duldet, und Intransparenz herstellt, einfach toxisch. Da herrscht Angst, weil sie aktiv und „öffentlich" über Demütigung und Bestrafung herbeigeführt wird. Mangelnde oder unvollständige Informationen verunsichern zusätzlich.

Da ist die **schwache Führung,** die Ambiguität, Widersprüchlichkeiten und Verwirrung zulässt, aber nicht aktiv Angst schürt. Silo-Denken, konkurrierende Projekte, Überforderung, Angst vor Fehlern sind die Folge.

Einzelne toxische Personen schüren in ihrer Organisation Angst durch Einschüchterung, Schikane, unfairem Verhalten, Vorführen von Kolleg*innen und Mitarbeitenden. Das kann ein Vorgesetzter sein, muss aber nicht. Das Verhalten bleibt vielleicht unentdeckt, weil es keine Vertrauenskultur gibt und kein „Whistleblowing"-System. Oder es wird geduldet, weil die toxische Person sich in den Augen der Verantwortlichen verdient gemacht hat. Oder die Führung ist einfach gleichgültig gegenüber dem Schaden, der da angerichtet wird.

Kollektives Burn-out durch komplette Überforderung und Erschöpfung. Dauerdruck, kaum/nicht erreichbare Ziele, zu wenige Ressourcen – die Organisation ist schlecht aufgestellt (Aufgaben versus Ressourcen, Anspruch gegenüber Wirklichkeit). Es gibt kaum Erfolgserlebnisse. Nie reicht es. Falls mal etwas gelingt, steht da schon die nächste unlösbare Aufgabe an. Das Gefühl des Dauer-Versagens und die Erschöpfung nehmen Menschen Mut und Kraft, die Erfahrung der Selbstwirksamkeit fehlt.

Die große Verantwortungsdiffusion. Wenn kostspielige und folgenreiche Entscheidungen auf komplizierte Organisationen treffen, bekommen die Verantwortlichen Angst. Jede*r versucht, die Entscheidung jemand anderem zu übergeben, sich hinter Organigrammen zu verstecken oder die Entscheidung auf die lange Bank zu schieben. Die Angst vor der schwerwiegenden, nachvollziehbaren Fehlentscheidung ist größer als die Energie für die Problemlösung.

Bloß keine Fehler machen: In einer Kultur des Perfektionismus wird um Fehler großes Aufheben gemacht, egal, wie (ir-)relevant sie sind. Da schickt der Finanzchef den Investitionsantrag für 7 Millionen Euro an den Kollegen zurück, weil er zwei unsubstanzielle (es ging nicht um die Kommastelle bei den vielen Nullen) Tippfehler in dem internen Dokument gefunden hat. Eine mehrtägige Verzögerung ist die Folge, meines Erachtens für nichts und wieder nichts. Arbeitsergebnisse werden von den Vorgesetzten vordringlich auf Fehler geprüft, falls gefunden, gibt es ein großes Aufheben und Trara darum. Wer den Fehler gemacht hat, fühlt sich herabgesetzt, als Versager*in, als inadäquat.

„So machen wir das hier. Und nicht anders!" Alle Systembeteiligten haben routinierte Abläufe und vertraute Lösungen. Veränderungsvorschläge erzeugen Widerstand, Unverständnis und Verärgerung, da sie als Kritik und Infragestellen des Bisherigen empfunden werden. Die Angst vor Neuem ist riesig, weil man sehr lange beim Alten geblieben ist. Gleichzeitig funktioniert viel „Bewährtes" und „Gewohntes" gar nicht mehr – wir sind in der VUCA-Welt.

Gerüchte, Hetze, Verleumdungen werden betrieben, gepflegt und geduldet. Man redet schlecht über andere, schadet ihrem Ruf oder spinnt echte Intrigen – „house of cards" halt. Eine unglaubliche Menge Energie geht in das Erzeugen, Weitertragen und Steuern dieser Geschichten. Die Organisation erfüllt kaum noch ihre Kernaufgabe, da zu viele damit beschäftigt sind, anderen zu schaden oder Schaden von sich selbst abzuwenden. Angst um den eigenen Ruf, um den Arbeitsplatz, um die Verbindung zu Kolleg*innen geht um.

Beziehungen, Gefälligkeiten, Netzwerke dominieren alles. Das ist manchmal ein hierarchisches System – wer zum Freundeskreis der Chefin oder des Vorsitzenden gehört, macht Karriere, leitet die prestigeträchtigen Projekte, verdient mehr. Das kann auch ein „Cliquen-System" sein, in welchem abgegrenzte Gruppen oder Fraktionen sich befeinden und gegenseitig Schaden zufügen wollen. Es gibt große Angst, aus dem Erfolgs-Netzwerk oder der einen Gruppe herauszufliegen oder von der „feindlichen" Fraktion beschädigt zu werden.

Ambitionslose Bequemlichkeit. Ob „Dienst nach Vorschrift", trägstes Bearbeiten von Aufträgen oder ausgedehntes Schweigen in Team-

Sitzungen: Angst vor Anstrengung hat alle Energie aus den Menschen ausgesaugt, es gibt keine Freude an der eigenen Wirkung, am Schaffen, an guter Arbeit und befriedigender Anstrengung.

So weit meine „Pathologie der organisierten Angst" in Unternehmen und anderen großen sozialen Gefügen, die ich alle erleben „durfte". Die können sich auch überlappen und sich auf das scheußlichste gegenseitig verstärken. Nach einer Ankündigung einer Umstrukturierung habe ich jedes Mal eine Vermehrung und Intensivierung der internen Angstreaktionen erlebt. Genauso, wenn externe Ereignisse nicht von der Führung reflektiert, verarbeitet und mit Orientierung versehen mit der Belegschaft besprochen werden. In den nächsten Kapiteln biete ich diverse „Behandlungsmöglichkeiten" an, über die soziale Systeme gesunden können. Und ohne Mut geht das nicht.

Ängste in Organisationen

Ängste in Organisationen können durch **externe oder interne Entwicklungen** ausgelöst werden. Externe Entwicklungen entziehen Organisationen die Geschäftsgrundlage. **Wer nicht innoviert, sich verändert, sich anpasst, kann zusammenpacken.** Das kann Ängste auslösen. Es gibt auch viele intern ausgelöste Ängste – durch **despotische Führungskräfte, mangelnde Klarheit, einen schlechten, unkollegialen Umgang.** Oft überlappen sich externe und interne Entwicklungen und intensivieren die Ängste der Systembeteiligten. Arbeit an und im System ist dann nötig, um Handlungsfähigkeit und Wirksamkeit wieder herzustellen.

KOMPASS EINER MUTIGEN ORGANISATION: SOG, LEITLINIEN UND EINE STRATEGIE

„Die Menschen, die du führst, erwarten Vorhersehbarkeit in deinem Verhalten. Wenn du deine Fahne nach jedem Windhauch richtest, wird es schwierig mit dem Vertrauen."

Florence Guesnet

In dem letzten Kapitel habe ich weit verbreitete Ängste in Organisationen beschrieben. Die Phänomene der VUCA-Welt können diese weiter verstärken. Wie kommen wir aus dieser Schleife raus, und was kannst du tun, um erste Schritte zu gehen? Ich beschreibe zuerst das „Idealbild" einer mutigen Organisation, in der Mut nicht darin bestehen muss, sich von Psychopathen abzugrenzen, sondern darin besteht, den Zweck der Organisation zu verfolgen, auch wenn der Weg nicht immer klar ist, man auf Schwierigkeiten stößt oder Fehler gemacht werden (die wird es immer geben).

Damit Menschen in Organisationen mutig agieren können, also immer wieder ihre Komfortzone verlassen und die Wachstumszone erreichen, braucht es gemeinsame Grundlagen und Verabredungen. Und dieses mutige Agieren ist so sinnvoll, weil sich die Umwelt von Organisationen und die Organisationen selbst ständig verändern, neue Anforderungen auf euch zukommen, und – nichts bleibt, wie es war.

Ein Kompass gibt allen eine klare Referenz für individuelles und gemeinsames Handeln:

1. Warum wir was tun: Der Zweck der Organisation ist geklärt, ein Erfolgsbild vereinbart.

2. Wie wir arbeiten: Werte, die das Handeln leiten sowie ein Führungsleitbild werden formuliert, trainiert und – das vor allem – praktiziert. Ein Regelsystem („Governance") beschreibt Verantwortlichkeiten, Aufgaben, Rechte und Pflichten. Durch die klaren Aufgabenverteilungen und Entscheidungswege werden Willkür und persönliche Vorteilnahme eingeschränkt.

3. Strategie entwickeln: wie wollen wir unseren Zweck mittelfristig verfolgen? Was tun wir, was lassen wir, was brauchen wir? All das erarbeitet man sich mit einer Strategie.

Diese drei Aspekte – Zweck mit Erfolgsbild, Handlungsleitlinien und die Strategie dienen dem Ziel der vertrauensvollen Zusammenarbeit.

GRUNDLAGEN HERSTELLEN: WARUM, WAS UND WIE?

„Was ist unser Daseins-Zweck, was wollen wir erreichen, wie wollen wir zusammenarbeiten, was ist unsere Strategie, was will jede/r leisten?" Wenn in einem Team alle Mitglieder auf diese Fragen die gleichen, bzw. zusammenpassenden Antworten haben, dann ist eine große Voraussetzung für ein mutiges Umfeld gegeben – hier gibt es Klarheit und Verbindlichkeit und Verbundenheit.

Diese gemeinsame Plattform beschreibt den Bogen von der Ambition, über Leitideen für die Zusammenarbeit hin zur Strategie und Aktivitäten – der Spannungsbogen, den mein Firmenname „ambitionize" beschreibt: vom Sinn zum Handeln („from purpose to action").

Eine solche Plattform kannst du „immer und überall" erarbeiten und ist besonders wichtig, wenn sich in einem Team, einer Organisation die Konflikte häufen, wenig ineinandergreift und kaum positive Energie spürbar ist. „Immer" bedeutet auch „immer wieder" – in unserer dynamischen Welt überprüft man den Kompass immer wieder auf seine Gültigkeit und Funktionsfähigkeit, bietet Debatten an, erklärt neuen Beteiligten die Ideen und lädt zum Feedback ein.

„Kollektives Hand aufs Herz": Zweck, neudeutsch „Purpose", Mission und ähnliches

Im „Management-Sprech" spricht man von „Purpose" – hierzu gibt es keine akkurate Übersetzung ins Deutsche. Es ist eine Mischung aus „Zweck" und „Sinn" – wobei Zweck etwas zu profan und Sinn etwas zu weich klingt. Manche sagen auch „Mission" – dazu bin ich nicht religiös genug. Ich benutze jetzt das Wort „Zweck", weil ich das „Denglische"

Schritte für eine mutige Organisation

Schritt ❶
Warum sind wir hier?

Schritt ❷
Das Erfolgsbild schaffen: Sog statt Druck

- Nachhaltige Lösungen
- Bessere Produkte   } Beispiele
- Mehr Länder erreichen

Schritt ❸
Das „wie" klären

- Werte, die alle leiten
- Strukturen, Entscheidungswege, Verantwortlichkeiten
- Handlungsleitlinien

Schritt ❹
Strategie verabreden

- Was wollen wir erreichen? Bis wann?
- Was wissen wir über die Welt und
  unsere Leistungsfähigkeit?
- Was tun wir, um Ziele zu erreichen?
- Was lassen wir sein?

Schritt ❺
Machen, machen, machen

Jede*r weiss, was wir wollen, wer welche Aufgabe hat
und wie wir zusammen arbeiten. Und wir tun es.

Schritt ❻
Feedback

Regelmäßig checken: Tun wir, was verabredet war? Führt das
zu erwarteten Ergebnissen? Gibt es massive Veränderungen
in der Welt? Bei uns? Wollen wir die Strategie anpassen?

© Florence Marie Guesnet

vermeide. Also der Zweck ist im Kern der Leitstern für eine Organisation, ein Unternehmen, ein Team und die Antwort auf die Frage „Warum machen wir das hier?". Und auch hier (siehe die Schritte durch die Mutzone) erschließt sich die Antwort mehr aus dem Herzen als aus purer rationaler Überlegung. Um unsere ganze Energie zu mobilisieren, braucht es einen Zweck, der uns persönlich berührt und mobilisiert. Dieses Gespräch ist in manchen Teams intensiv und kurz, in den meisten Fällen braucht es aber etwas Zeit, sich gegenseitig zu verstehen und den Zweck schlüssig für alle zu formulieren. Ziel sollte es sein, in ein bis drei (übersichtlichen!) Sätzen den Zweck der Organisation zu formulieren. Auch für ein zeitlich begrenztes Projekt sollte man sich über den Zweck Klarheit verschaffen. Hier ein paar Beispiele zu „Zweck-Sätzen", oder auch Missionen:

> *„Wir fördern Hochleistungsorganisationen, in denen Menschen mit Freude arbeiten. Die entstehenden positiven Energien, starken Ergebnisse und der Teamgeist spornen uns an. ambitionize gibt Menschen Mut – für bessere Arbeit für eine bessere Welt. "*
>
> ambitionize.com, [aufgerufen am 18.05.2022]

> *Wir bieten Markenprodukte und Dienstleistungen von höchster Qualität und höchstem Wert, die das Leben von Verbrauchern weltweit verbessern, jetzt und für künftige Generationen. Als Ergebnis belohnen uns Verbraucher mit marktführenden Verkaufszahlen, Gewinnen und Wertschöpfung, wodurch unsere Mitarbeiter, unsere Aktionäre und die Gemeinschaften, in denen wir leben und arbeiten, prosperieren.*
>
> https://de.pg.com/richtlinien-und-verhaltensregeln/ziele-werte-und-grundsatze [aufgerufen am 18.05.2022]

> *Greenpeace ist eine internationale Umweltschutzorganisation, die mit gewaltfreien Aktionen für den Schutz der Lebensgrundlagen und für Frieden kämpft.*
>
> https://www.greenpeace.de/ueber-uns/leitbild [aufgerufen am 18.05.2022]

In unzähligen Workshops haben Teams mit mir den Zweck ihres Unternehmens, ihrer Geschäftseinheit oder eines wichtigen Projekts erarbeitet. Zwischendurch gibt es immer wieder mühsame Wortklauberei, und am Ende, wenn der gemeinsame Ausdruck gefunden ist, eine neue Energie, Neugierde und Tatkraft. Wenn der Zweck gefunden ist, können alle in der weiteren Zusammenarbeit jederzeit mutig fragen: „Erfüllt das den vereinbarten Zweck?" Und das hilft allen, sich zu fokussieren und zweckdienliche Entscheidungen zu treffen.

DAS ERFOLGSBILD „MALEN"

Götz Werner, der frühere Chef der Drogeriemarkt-Kette „dm", erklärt in einem Interview den Unterschied zwischen angstgeleiteter und ermutigender Führung:

Im Leben braucht man keinen Druck, sondern Sog. Wer fliegen möchte, braucht Thermik. Flugzeuge fliegen, weil Sog aufgebaut wird. Ich selbst bin Vater von sieben Kindern – die reagierten alle nur auf Sog. Kunden, die bei uns kaufen, kommen, weil sie Sog verspüren, nicht weil ihnen jemand in den Hintern tritt. Philosophisch gesehen ist die Sache mit dem Druck ein Irrtum, den der Teufel erfand.

https://www.derstandard.at/story/2000051252761/goetz-werner-alte-s-stellt-eine-ganze-gesellschaft-vom-kopf vom 21. Januar 2017 [aufgerufen am 7.6.2022]

„Wir sind richtig erfolgreich. Die letzten 10 Jahre sind wir jedes Jahr um etwa 10 % gewachsen, das läuft alles super. Jetzt müssen wir überlegen, ob wir dieses neue Geschäftsfeld weiterentwickeln. Es ist sehr vielversprechend, da kommt ein riesiger Umsatz auf uns zu, das geht nur mit einer Transformation des Unternehmens – in Bezug auf Qualitätsmanagement, Prozesse und Stückzahlen. Aber das müssen wir gar nicht machen, weil wir auch ohne dieses Geschäftsfeld weiter wie bisher wachsen können." So erläutert mir Herr Jäger*, Geschäftsführer eines mittelständischen Technologieunternehmens, seinen Bedarf für die Strategieentwicklung. Acht Wochen später verabschiedet die Geschäftsführung eine Strategie, die eine Umsatzverdopplung innerhalb von fünf Jahren plant. Seitdem – das war im Sommer 2018 – bewegt sich das Unternehmen auf diesem Wachstumspfad, trotz vieler Widerstände, gelegentlichem Scheitern und Verzögerungen, die dazugehören.

Die Kraft für das Team entsteht durch einen gemeinsamen Zweck und durch ein sehr klares Erfolgsbild des angestrebten Umsatzes, der Zielmärkte und der wesentlichen Veränderungen, die man intern vornehmen muss. Wir haben das immer „von der Manufaktur zur Industrie" genannt. Mit diesem Erfolgsbild geht es dann zum nächsten Schritt – der Ausarbeitung der Strategie, siehe nächstes Kapitel.

Um Energie nachhaltig zu mobilisieren, brauchen wir ein konkretes, greifbares Zukunftsbild – ähnlich wie die Visualisierungsübung, die ich im ersten Teil des Buches vorgestellt habe. Zu Beginn einer solchen Arbeit „ist alles erlaubt" – wir wollen ein möglich reiches, stimulierendes und vollständiges Verständnis für die Ideen aller haben. Wir verständigen uns über den zeitlichen Horizont des Erfolgsbildes – reden wir über 12 Monate, 3 oder 10 Jahre? Das ist eine wichtige Orientierung. Wenn die Ideen gesammelt und verstanden sind, gehen wir in das Gespräch über Gemeinsamkeiten, Widersprüche und Spannungen an, sortieren, priorisieren und entscheiden. Das Ergebnis können wir in Bildern, Texten und Zahlen festhalten.

„Eine große Vision verleiht noch größere Flügel als Angst. "
Wadim Kosch

In solchen Gesprächen wird klar, dass es im Team sehr unterschiedliche Vorstellungen über „Erfolg" gibt. Die entstehen aus unterschiedlichen Blickwinkeln, Kompetenzen und Bedürfnissen, wie auch aus gehabten Erfahrungen oder Frustrationen. Auch hier lade ich zum Mut ein: solche Widersprüche und Spannungen ansprechen, und nach einer gemeinsamen Lösung suchen. Meine Erfahrung ist, dass 90 % der Spannungen über genaues Zuhören und tiefes Verständnis der Sachlage und der Menschen in ein schlüssiges Erfolgsbild gebracht werden können.

Die letzten 10 % erfordern, wenn du auf Harmonie und Konsens stehst, dann noch einen Schritt heraus aus der Komfortzone: Das sind Themen, die eine Entscheidung brauchen, und egal wie du entscheidest, jemand aus deinem Team, einer der Kunden, eine Kollegin, findet sich darin nicht wieder. Und das ist manchmal so. Unzufriedenheit anhören, Entscheidung erklären, zur Akzeptanz einladen und den nächsten Schritt gehen.

DAS „WIE" VERABREDEN: WERTE, LEITLINIEN, GOVERNANCE

Benno Dorer ist CEO der Clorox-Company, eines US-basierten, milliardenschweren Unternehmens, als die Corona-Pandemie im April 2020 tobt. Der Verbrauch von Desinfektionsmitteln verfünffachte sich in manchen Marktsegmenten. Es war unmöglich, die Nachfrage komplett zu bedienen. Was tun? Die profitabelsten Marktsegmente bedienen? Strategische Kunden bevorzugen? Was ist das Richtige? Benno und sein Management-Team orientierten sich an dem Zweck des Unternehmens („we championing people to be well and thrive every single day") und dem Unternehmenswert „Das Richtige Tun" („do the right thing"). Dieser Wert ist klar definiert: „Wir führen mit Integrität und verdienen uns Vertrauen – in jedem Moment und mit jeder Entscheidung. Wir wollen unbedingt unser Geschäft vergrößern und glauben, dass Gewinnen nur zählt, wenn es auf die richtige Weise geschieht."
(Quelle https://www.thecloroxcompany.com/company/purpose-values/, aufgerufen am 20.6.2022, Übersetzung Autorin)

So entschied die Unternehmensleitung, Krankenhäuser und Pflegeeinrichtungen zu priorisieren. Weil dort die Leben gerettet wurden. Diese Entscheidung hatte schwerwiegende Konsequenzen für Clorox – man konnte viele Kunden nicht beliefern, Wettbewerber füllten entstandene Lücken, Konsument*innen beschwerten sich. Man verdiente weniger Geld als mit einer anderen Vorgehensweise. Und dennoch blieb das Unternehmen bei der Entscheidung, die im Einklang mit dem Unternehmenszweck, den Werten und Prinzipien des Unternehmens standen.

Die Wirkung von solch einer Herangehensweise ist hoch: Mitarbeitende sehen und spüren, dass Zweck und Werte wirklich handlungsleitend sind, und nicht nur gelten, wenn es einfach ist. Das bestärkt offenes und mutiges Ringen um den richtigen Weg.

Werte, die das Handeln leiten und in Entscheidungen den Ausschlag geben, sind ein wichtiger Aspekt des „Wie" und schaffen klare Referenzen für mutiges Verhalten – insofern sie gelebt werden, bzw. man auch offen darüber streiten kann, wie man das zustande bringt.

Ein anderer wichtiger Aspekt, um Willkür, Unübersichtlichkeit und viele Reibungsverluste zu vermeiden, ist eine gute „Governance", am besten in schriftlicher Form, für jede*n in der Organisation einsehbar. Seit 2021 gibt es hierfür sogar einen Standard der International Organization for Standardization (ISO).

Die ISO Norm 37000 beschreibt „… Good Governance als ein auf Menschen basierendes System, durch das eine Organisation geleitet, beaufsichtigt und dafür verantwortlich gemacht wird, ihren definierten Zweck auf ethische und verantwortungsvolle Weise zu erreichen." (Quelle: https://www.qm-aktuell.de/iso-370002021-good-governance/) aufgerufen am 7.6.2022

Ob man sich in einem Team oder einer Organisation auf die leitenden Werte konzentriert, ein ganzes Governance-System erarbeitet oder Führungsleitlinien formuliert – es gibt viele Möglichkeiten, einen verbindlichen Rahmen zu schaffen, der allen Beteiligten nutzt. Abhängig von der Größe der Organisation, ihrer juristischen Definition, geltenden Zertifizierungen und Lizenzen gibt es auch verpflichtende Elemente der Governance, die verschriftlicht werden müssen.

Ihr könnt ein „Manifest" formulieren, anhand dessen ihr euch verabredet, neue Kolleg*innen an Bord holt oder schwierige Entscheidungen überprüft:

Manifest der mutigen Organisation

Um den Zweck unserer Organisation zu erfüllen, wollen wir mutig sein: Neues ausprobieren, kreativ sein, Risiken eingehen, besser werden, mehr beitragen und erreichen.

Jede*r möchte positiv wirken, exzellente Arbeit leisten und den gemeinsamen Zweck erfolgreich verfolgen.

Wir schaffen Transparenz: über Zweck, Strategien, Pläne und Erreichtes sowie über Rollen und Aufgaben der Akteur*innen.

Wir arbeiten miteinander: Alle Ziele in der Organisation ergänzen sich, bauen aufeinander auf. Konflikte sind eine Aufgabe, kein Problem.

Führung zeigt Perspektiven für den gemeinsamen Beitrag und Erfolg sowie für individuelles Wachstum.

Wer nicht entscheidet, führt nicht. Entscheidungen werden umgesetzt, und wir sind neugierig, was funktioniert, und was nicht. Wir passen an.

Wir wissen, dass sich unsere Umwelt ständig verändert. Wir sind neugierig, überprüfen ständig Chancen und Risiken und handeln entsprechend. Dies ist ein kontinuierlicher Zyklus der Wahrnehmung, Verortung und Entscheidung.

Wir verabreden und überprüfen regelmäßig Organisationsprinzipien, die unsere Entscheidungen und unser Handeln leiten.

Nimm dieses Manifest mit in dein Team – was passt für euch, was formuliert ihr anders, wie kann euch ein solches Manifest dienen?

STRATEGIE ENTWICKELN UND UMSETZEN

Eine Strategie formuliert die Art und Weise, wie der Zweck erfüllt werden soll und ihr euer Erfolgsbild erreichen werdet. In einer Strategie wählt ihr aus, was ihr tut und was ihr lasst, welche Ressourcen für was zur Verfügung stehen, welche Projekte angegangen werden, in welcher Reihenfolge etc. Es gibt unzählige Strategie-Instrumente, aus denen du wählen kannst.

Bei der Erarbeitung einer Strategie achte ich besonders darauf, dass:

1. Die Ambition/Mission/Zweck den Rahmen gibt;
2. Ein gemeinsames Erfolgsbild vereinbart ist;
3. es eine gründliche Analyse externer und interner Einflüsse, Möglichkeiten und Ressourcen gibt;
4. Alle resultierenden Optionen gesehen, bewertet und entschieden sind;
5. Wesentliche Aktivitäten beschrieben sind;
6. Gesamtziele und Zwischenziele vereinbart sind;
7. Verantwortlichkeiten klar sind;
8. Alle Beteiligten die Strategie kennen und verstehen;
9. Eine Feedback-Schleife eingebaut ist, um Fortschritt zu sehen und eventuell korrigieren zu können.
10. Die Neugierden, die Energie, die Kreativität aller Beteiligten zum Tragen kommen und in intensiven Debatten auch überraschende Lösungen gefunden werden.

Eine so erarbeitete Strategie gibt Energie, Klarheit und Ergebnisorientierung, die wiederum mutiges Handeln und mutige Gespräche ermöglicht:

In der Erarbeitung der Strategie werden viele Optionen betrachtet. Wollen wir mit Produktinnovationen wachsen? Oder doch durch geographische Ausdehnung? Oder können wir mehr Vertriebskanäle aktivieren? Oder machen wir alles drei? Wenn die Entscheidungen gefällt sind, können die Verantwortlichen mit aller Kraft die Strategie umsetzen, Budgets werden bereitgestellt, entsprechendes Personal gefunden und so weiter. Auch wenn die Strategie einen aus der bisherigen Komfortzone herausholt – der strategische Wille der Führung gibt einem

Rückendeckung und Kraft für die Umsetzung, auch wenn man sich auf unbekanntes Terrain begibt.

„Schauen Sie sich doch mal diesen Prototypen von Wizardy an", schlägt mir der Geschäftsführer vor. „Tolle Idee, so nützlich, das wird ein Verkaufsschlager, nehmen Sie das mal in Ihr Projekt-Portfolio auf!" Ein Blick auf den Prototypen macht klar: klasse Produkt, das nicht zur Strategie passt. Wir brauchen Produkte, um unsere Marken des Kaffeegenusses oder der Müllentsorgung zu stärken. Wir haben keine Marke für „kleine Haushaltshelfer" und können auch keine weitere Marke aufbauen. Wir suchen nach Umsätzen im Lebensmitteleinzelhandel, nicht in inhabergeführten Fachgeschäften. Und es wird immer klarer – die Geschäftsführer kennen sich gut und das spielt eine Rolle in der Bewertung der „tollen Idee". Trotzdem gelingt es, diesen Prototypen nicht in unser Portfolio aufzunehmen. Wir haben eine klar formulierte Strategie, und dieses Produkt „tickt keine einzige Box" dieser Strategie. Das klärende Gespräch mit dem Geschäftsführer ist anstrengend und spannungsreich, letztendlich gewinnt der strategische Verstand aller Beteiligten und wir haben den Mut, „Nein" zu sagen. Ich zum Geschäftsführer und der Geschäftsführer zu seinem Kumpel.

Das gelingt, weil Kritik und Verbesserungsbedarf, Unzufriedenheit nicht aus persönlichen Befindlichkeiten resultieren, sondern in Bezug auf eine Strategie und ihre Umsetzung besprochen werden können. Und weil die Erarbeitung der Strategie – Sachverhalten, Sichtweisen und Spannungen auf den Grund zu gehen – ein tieferes gegenseitiges Verständnis hervorgebracht hat, mit dem man besser schwierige Themen besprechen kann.

ZIELE, DIE FÜR ALLE PASSEN

„Der Vertriebsleiter setzt sich einfach nicht durch, das sehen inzwischen alle Geschäftsführer. So werden wir unsere Ziele nicht erreichen. Ich stehe doof da, weil das von mir entwickelte Digitalprodukt im Markt nicht reüssiert, kann aber nichts machen, weil alles Vertriebliche nicht mein Thema ist! Wie kann ich dem Vertriebsleiter Feedback geben oder sonst die Situation lösen?" So klagt mein Coachee, Marketingleiter, über seine unerreichbaren Ziele, weil jemand anderes nicht seinen Job macht. Er sieht manche Handlungsoptionen, keine fühlt sich gut an. Bis ich frage, wie fokussiert und eindeutig der Vertrieb incentiviert ist, genau dieses Produkt zum Erfolg zu führen. Und dann wird es klar: überhaupt nicht. Der Vertrieb versinkt in widersprüchlichen und unvereinbaren Erwartungen. In einer komplizierten Matrix-Organisation teilt jede*r dem Vertrieb seine Ziele mit, es gibt keine echte Konsolidierung, wie die einzelnen Mitarbeiter*innen das alles auf die Reihe bekommen könnten. Dann muss noch reingerechnet werden, dass das neue Digitalprodukt den Vertriebler mittelfristig Aufträge kostet – und schon wird aus einem strategisch zentralen Projekt ein Rohrkrepierer. Als er das herausgearbeitet hat, entscheidet sich der Coachee für das wirklich mutige Unterfangen: alle Beteiligten an einen Tisch holen, Ziele so setzen, dass der Vertrieb eine ehrliche Chance hat, diese auch umzusetzen.

Wenn es bei dir oder in deiner Organisation mit der mutigen Umsetzung der Strategie zu langsam geht: Schau, ob die Zielsysteme und Belohnungsmechanismen und die Strategie wirklich zusammenpassen, und auch für „den letzten in der Kette" umsetzbar sind. Egal mit welchem Steuerungsinstrument ihr arbeitet, ob „agil", oder mit KPIs (Key Performance Indicators) oder oder oder – wenn Ziele und Belohnungssysteme Einzelner im Konflikt sind, habt ihr die Mut-Bremse schon eingebaut.

DER KOMPASS UND DIE VUCA-WELT

Zweck, Werte und Leitlinien, Strategien – braucht es das überhaupt in der VUCA-Welt, funktioniert das, lohnt sich der Aufwand? Wenn Energiepreise explodieren, Lieferketten zusammenbrechen, Krieg ausbricht, was gilt denn da noch?

Hier eine Orientierung zur Gültigkeitsdauer der verschiedenen Elemente:

	Kurz (>1 Jahr)	Mittel (3–5 Jahre)	Lang (über 5 Jahre)
Zweck der Organisation			●
Werte			●
Führungsleitlinien			●
Aufbau-Organisation		●	
Beschreibung Kernprozesse		●	
Entscheidungs-Matrix		●	
Erfolgsbild			●
Analysen	●	●	
Strategische Optionen		●	
Qualitative Ziele		●	
Strategische Maßnahmen	●	●	
Quantitative Ziele (OKR, KPI etc	●		
Planung	●	●	

Kompass für die mutige Organisation

Vereinbarung des **Zwecks,** des **Erfolgsbildes,** eines **Führungsleitbildes,** der **Verantwortlichkeiten** und der **Strategie** schaffen die **Orientierung und Verbindlichkeit** aller Beteiligten. Meinungsverschiedenheiten, unterschiedliche Perspektiven können gut ausgehandelt werden, weil die **Grundlagen der Zusammenarbeit** klar sind. Das Risiko persönlicher Willkür und egoistischer Interessenverfolgung ist kleiner – weil sich jede*r im Bezug auf diesen Kompass erklären kann – und muss. Das fördert den **individuellen und kollektiven Mut,** da man sich auf die Aufgabe der Organisation konzentrieren kann.

MUT-WERKZEUGE FÜR VIELE

Ob in einem Führungsteam, einer Projektgruppe, einem Vorstand –
welche Werkzeuge erhöhen euren kollektiven Mut, eure ständige Fähigkeit und Bereitschaft, die Komfortzone zu verlassen und Neues auszuprobieren? Probiert es aus, vielleicht wird mutiges Verhalten so zu eurer
Kernkompetenz?

VERBINDLICHKEIT HERSTELLEN

Seit einer Viertelstunde stehe ich mit derselben Frage an der Flipchart
und stelle sie zum fünften Mal: "Wie oft wollt ihr euch in eurem Management-Team treffen?" (Das ist vor Corona, wir sind alle zusammen im
gleichen Raum.) Wir haben schon anderthalb Tage intensiver Krisen-
beratung hinter uns – die Geschäftseinheit eines Großkonzerns schreibt
tiefrote Zahlen, ein Werk fährt monatlich einen Millionenverlust ein,
und das neu zusammengewürfelte, über die Welt verteilte Managementteam sucht den Weg raus aus dem Schlamassel. Wir besprechen
die weitere Arbeitsweise, und ich bekomme einfach keine Antwort auf
meine Frage. Jeder (außer mir keine Frau im Raum) sagt etwas, beantwortet nicht die Frage. Ich frage zum sechsten Mal:
    "Wie oft wollt ihr euch in eurem Management-Team treffen?" Wie-
der Ausflüchte und keine Antwort. Dann biete ich eine neue Frage an:
„Was passiert hier? Auf der von euch erarbeiteten Liste der Maßnahmen steht „Regelmäßige Treffen im Managementteam". Ich stehe hier
jetzt seit einer Viertelstunde und versuche, von euch eine konkrete, verbindliche und klare Antwort auf die einfache Frage zu bekommen, wie
ihr das umsetzen werdet. Während die Hütte brennt, blockiert es schon
bei so einfachen Dingen. Was ist los?" Erstmal große, ertappte Verle-
genheit. Dann ein Ruck von „So geht das wirklich nicht. Wir können
uns mit so etwas nicht so lange aufhalten." Einzelne, die merken, dass
sie nach Ausflüchten und Problemen gesucht haben statt nach einer
einfachen Antwort. Wenige Minuten später ist eine Vereinbarung
gefunden, in den folgenden Absprachen haben wir Verbindlichkeit,
Lösungen und Pragmatismus für einfache Sachverhalte. Danach spreche ich mit dem Geschäftsführer – auch für ihn ist diese Viertelstunde
sehr erhellend gewesen. Er führt eher zurückhaltend, verlässt sich auf
sein Team und vertraut darauf, dass die richtigen Ergebnisse zustande

kommen, auch ohne seine Interventionen. Jetzt hat er gesehen, dass es manchmal seine Energie braucht, um schneller zu Ergebnissen zu kommen und er sein Team mehr fordern möchte, mit einer höheren Taktung und Lösungsorientierung zu arbeiten.

Das Nirwana der Unverbindlichkeit begegnet mir sehr oft in meiner Arbeit mit Organisationen. Teams, in denen unendlich viele „man müsste, könnte, sollte" geäußert werden und in Workshops Flipchart über Flipchart mit Maßnahmen gefüllt wird. Bis zu dem interessanten Moment, in welchem ich nach dem „wer?" und dem „bis wann?" frage und plötzlich alle Energie und Motivation verschwunden ist. Das reflektieren wir dann – wie kommt es zu Listen der nie vollendeten Aktivitäten, was erhoffen wir, wenn bei einer Maßnahme kein Name steht und so weiter. Ehrlich machen. Und so arbeiten wir uns aus dem Loch heraus – indem wir die Ressourcen respektieren, Prioritäten setzen und einlösbare Verbindlichkeiten eingehen. Das erfordert beim ersten Mal bei vielen Mut – zum Beispiel wenn jemand im Team sagt, was für sie nicht mehr leistbar ist, oder welches andere Projekt dann vielleicht verzögert wird.

Verbindlichkeit ist für viele Menschen in vielen Organisationen außerhalb der Komfortzone, es herrscht eine Kultur des kollektiven Nebels, und Verbindlichkeit erschreckt eher, als dass sie sofort Energie gibt. Dabei ist Verbindlichkeit und Verlässlichkeit ein elementarer Bestandteil von Vertrauen(-sbildung), deswegen investiere ich viel Energie in diesen Lernschritt in Teams. Wenn ein Team nicht gewohnt ist, Erwartungen, Ziele und Grenzen des Möglichen offen anzusprechen, ist das ein wichtiger Mut-Schritt.

Verbindlichkeit herstellen ist dann im Kern total simpel: Wer macht was bis wann? Fertig. Wie erlebt, können diese einfachen Fragen auf einen zähen Schlamm aus Widerstand, Überforderung und Ausflüchten stoßen. Den schaufelst du mit Geduld und Beharrlichkeit aus dem Weg.

WIR ODER ICH?

Dann gibt es noch eine kleine, manchmal große Hürde zu mutiger Verbindlichkeit. Aus dem „Wer?" wird ein „Wir"! Was sich erstmal nett, kollegial und solidarisch anhört, entpuppt sich schnell als ein zweischneidiges Schwert – vielleicht auch als unberechenbarer Morgenstern. Um ehrliche Gespräche über Ressourcen und verbindliche Absprachen zu ermöglichen, lade ich die Teammitglieder ein, eine einzige end-verantwortliche Person zu benennen. End-verantwortlich bedeutet nicht, dass man alles allein macht. Sondern dass man dafür sorgt, dass das Ergebnis zustande kommt. Das ist in den allermeisten Fällen nicht allein möglich, und über die Zuarbeit, Unterstützungsbedarfe etc. spricht man auch. Das ändert nichts daran, dass eine Person die Hand für die Ergebnisverantwortung hebt.

Wieso ist das so wichtig? Eine Person kann die Verantwortung übernehmen, weiß, was sie leisten kann und wo wer helfen kann und muss. **Die Einzelverantwortung bringt große Eindeutigkeit.**

„When I die, I want the people I did group projects with to lower me into my grave, so they can let me down one last time". Wenn mehrere Personen verantwortlich sind, wird es oft unfair. Die „fleißige", verantwortungsvolle Person schultert die Hauptlast, andere tun nur das nötigste. Bei erfolgreicher Projektabgabe sind alle wieder da und reklamieren ihren Teil des Ruhms – sie waren ja auch verantwortlich, nicht wahr? **Einzelverantwortung bringt Fairness.**

Die nebulöse Verantwortlichkeit erfordert ständig neue Abstimmungen, Nachverfolgung, Klärungen und das bringt das Ergebnis nicht näher. **Einzelverantwortung ist effizient.**

Also das ist meine „reine Lehre". Ich habe einige wenige Situationen erlebt, in denen es auch anders funktioniert hat. Bei Estée Lauder hatten wir ein großes europäisches Projekt, und wir waren drei gleichberechtigte Projektleiter. Mit unterschiedlichen inhaltlichen Schwerpunkten, viel gegenseitigem Respekt und einem starken gemeinsamen Chef ohne Geduld für irgendwelche Spielchen haben wir das Projekt vollständig und pünktlich abgeliefert. Ich habe mit über dreißig Jahren Berufserfahrung nicht viele solcher Beispiele zu bieten …

ERGEBNISSE STATT SEILSCHAFT

Erinnerst du dich noch an den Konflikt mit Magnus? Meine Motivation, Claudia Rückendeckung zu geben, war meine Überzeugung, dass mein Team seinen Beitrag nur leisten kann, wenn wir „ohne Ansehen der Person" mit den verfügbaren Fakten arbeiten, analytisch korrekte Schlussfolgerungen ziehen und uns von keinen internen politischen Interessen beeindrucken lassen. Das war nicht heroisch, sondern mein Versprechen an das Unternehmen: „Facts over opinion". Daher habe ich auch nicht gezögert, mutig meine Komfortzone zu verlassen und Magnus Paroli zu bieten.

Wenn der persönliche Erfolg in einer Organisation nicht davon abhängt, ob jemand den gemeinsamen Zweck verfolgt, Ergebnisse liefert und verbindlich agiert, dann wird es schwierig mit mutigem Verhalten. Dann geht es mehr um „wer kennt wen", gegenseitige Gefälligkeiten und interne Allianzen, wie ich in den „Pathologien der Angst" beschrieben habe: Meinungen siegen über Fakten, persönliche Beziehungspflege bzw. -kämpfe dominieren und im Zentrum steht nicht die Leistung, sondern individuelle Interessen. In einer solchen Organisation gibt es wenig Mut, der dem gemeinsamen Zweck dient, und viel Bereitschaft, sich mit den Mächtigen zu verbinden. Eine solche Kultur kannst du nicht von einem Tag auf den anderen verändern. Ein Kulturwandel in einem Unternehmen braucht mindestens sieben Jahre – in sehr großen Organisationen noch länger. Und wenn du nicht anfängst, wird sich nichts ändern. Was ist der wichtigste Schritt, um in die kulturelle Veränderung zu gehen? Das Entscheidende ist, ein System der verbindlichen, transparenten und messbaren Leistungsbewertung anzuwenden, die maßgeblich für individuelles Fortkommen in der Organisation wird. Das ist die Voraussetzung, um unfaire positive wie negative „Bias" aus der Personalentwicklung rauszunehmen, nebulöse Seilschaften einzudämmen und eine klare, transparente Plattform für die Zusammenarbeit und für mutiges Verhalten zu schaffen. Das kannst du in deinem direkten Umfeld beginnen, und in und mit deinem Team transparent Erwartungen und Leistungskriterien formulieren. In dem Bewusstsein, dass nicht die ganze Organisation so funktioniert und andere Führungskräfte andere Kriterien nutzen als du. Die Grenzen, auf die du und dein Team stoßen werdet, solltet ihr mit Gelassenheit und Geduld erleben.

ETIKETTIERUNGEN UND URTEILE WEGLASSEN

Lange druckste Françoise* herum, dann tastete sie sich vorsichtig daran, mich in meinem Führungsverhalten zu kritisieren. Etwas nervös, aber sehr sachlich erklärte sie mir, dass ich in den Sitzungen unseres Managementteams einfach zu viel redete. Indem ich – mal ganz hart gesagt – die gleiche Idee zu sehr auswalzte und immer wieder neu und in tieferen Facetten darstellte. Das fand mein Team – verständlicherweise – ausgesprochen nervtötend. Mir war das nicht klar gewesen – ein sogenannter „Blind Spot". Und ich hatte gedacht, mein Team würde bewundernd an meinen Lippen hängen, dabei haben sie nur ein Gähnen unterdrückt. Und gleichzeitig war ich froh, dass Francoise mich darauf hingewiesen hat – und bedankte mich bei ihr entsprechend. Sie war sehr erleichtert. Ich stellte nun mein Verhalten um, fragte auch in Meetings, ob ich genug geredet habe, und wir witzelten über meinen Redeschwall und die Meetings wurden effizienter. Was zwischen Francoise und mir vorgefallen war, sprach sich auch in meinem Team herum und immer offener machten meine Leute Verbesserungsvorschläge, auch welche, die für mich vielleicht persönlich schwierig waren. Unser Team wurde dadurch immer besser – offener, streitbarer, und auch fröhlicher, weil wir über ganz viel reden konnten. So macht Mut Mut, so schafft Mut Vertrauen und so verändern wir unser Umfeld.

Sicherlich hat Françoise* lange überlegt und mit anderen diskutiert, wie sie mir die Wirkung meines Kommunikationsverhaltens vor Augen führen kann. „Sie ist so ausschweifend/eitel/egoistisch/eingebildet, …, hört sich gerne reden …" und viele weitere Urteile sind denkbar. Wie hätte ich reagiert, wenn Francoise mir mit einem dieser Labels gekommen wäre? Hoffentlich hätte ich mich auf ihren Mut und den beschriebenen Sachverhalt konzentriert, mich vielleicht aber doch verärgert, angegriffen und unverstanden gefühlt und Françoise respektlos gefunden. Was soll man auch machen, wenn man gesagt bekommt, „Du hörst dich so gerne reden"? Wenn wir mit solchen Urteilen über andere herumlaufen und dann unseren Mut finden, diese Urteile abzuladen, dann „kommt da nichts Gutes von". Die Reaktion hängt dann von der

---

* Name geändert

Machtverteilung ab (verletzt und gedemütigt, wenn es die Chefin macht, empört und ablehnend, wenn sich der Mitarbeitende erdreistet). Urteile schaffen Distanz, schwächen das gegenseitige Vertrauen und blockieren Veränderung.

Was machst du, wenn eine Mitarbeiterin mit einer harschen Kritik, einem unangenehmen Urteil zu dir kommt? Sie weiß es halt nicht besser, und möchte einen erlebten Missstand ansprechen. Finde mit ihr heraus, was genau sie beobachtet hat, welche Bedürfnisse verletzt sind, und hilf ihr so, progressiver zu kommunizieren und eine gute Lösung zu finden. Das erhöht ihre Wirkung, ihre Selbstreflexion macht sie stärker und die erlebbare Empathie wird sie zu einer geschätzten Kollegin machen.

Auch in Team-Sitzungen kannst du immer wieder einfordern, sich auf Sachverhalte, Ergebnisse und Entscheidungen zu konzentrieren, statt über Urteile Fronten aufzubauen und Konflikte zu vertiefen.

Da wir alle nicht immer weise sein können, gibt es da ein schönes Ventil:

„Entspannungsgemeckere"

Nach ein paar Stunden mit meinem Management-Team platzte unserem Team-Coach Sarah sichtlich der Kragen. „Seid ihr euch wirklich so sicher, dass alle anderen keine gute Arbeit leisten, ihr die Weisheit mit Löffeln gefressen habt? Was passiert, dass ihr ständig von ‚wir' und ‚die' sprecht – seid ihr nicht alle in der gleichen Firma?" Betretenes und verlegenes Schweigen von uns allen. Waren wir doch selbst in die Falle der Urteile, Abgrenzung und Distanzierung getappt. Die Gründe sind jetzt unerheblich, im Kern waren wir selbstgerecht geworden und gefielen uns in einer etwas selbstherrlichen Opferrolle. Das hatte Sarah genau erkannt. Und dann entstand eine ganz besondere Energie. Wir verabredeten echte Veränderungen. Wir würden nicht mehr von „uns versus die anderen" sprechen. Dramen nicht mehr auswalzen (siehe Seite 58), sondern zügig über Chancen und „was tun" sprechen. Und dann haben wir uns noch ein kleines „Pfusch-Geschenk" gemacht: in jedem Meeting dürfen wir insgesamt 5 Minuten mit „Entspannungsgemeckere" zubringen. 5 Minuten, in denen wir uns kindisch und unreif dem Drama hingeben. Nicht länger als 5 Minuten, die durften aber sein. Diese Verabredung veränderte die Stimmung in unseren Sitzungen. Wir hatten mehr Energie, fanden bessere Lösungen und auch das Verhältnis zu anderen Abteilungen wurde sehr positiv. Weil wir den anderen Respekt und Wertschätzung entgegenbrachten, wuchs auch unser Ansehen. Ein besonderes Ergebnis dieser positiven Ausstrahlung des Führungsteams war, dass aus immer mehr Abteilungen Leute in unser Team kommen wollten. Die sahen, dass bei uns eine gute Atmosphäre herrschte und wir spannende Projekte ablieferten, und wollten Teil dieser Geschichte werden.

Mut-Werkzeuge für viele

Mit **Verbindlichkeit** und Zuverlässigkeit steigt das gegenseitige Vertrauen. Die Klarheit in den individuellen **Verantwortlichkeiten** hilft allen, „ihr Ding abzuliefern" statt in einer diffusen Hoffnung auf andere zu warten. Umso mehr ihr nachvollziehbare, eindeutige und sinnvolle **Ziele** vereinbart, deren Erreichen auch belohnt wird, desto schwächer werden Seilschaften, Bevorzugungen und Intrigen zum persönlichen Vorteil. Indem ihr andere nicht be- und verurteilt, sondern euch auf **Entwicklungschancen** konzentriert, können alle besser lernen und den vereinbarten gemeinsamen Zweck verfolgen.

MENSCHEN ZU MEHR MUT FÜHREN

„As we look ahead into the next centuries, leaders will be those that empower others."
Bill Gates

Klarheit über Zweck, Erfolgsbild, Strategie und Verantwortlichkeiten – das sind die besten Voraussetzungen, die eine Führungskraft, ein Führungsteam herstellen kann, um mutiges Verhalten zu fördern. Also ein Verhalten, in dem sich möglichst viele trauen, aus der Komfortzone herauszutreten, wenn dies zur Zweckerfüllung oder Zielerreichung notwendig ist.

Wie kannst du Menschen in ihrem Mut stärken?

IM TEAM ZUM MUT EINLADEN

„Schlüssel zur Tür zum Mutraum ist eine Haltung des Chefs, die alle einlädt, ihr Bestes zu geben. Und da gibt es in unserer komplexen Welt manchmal Debatten und unterschiedliche Meinungen, und ohne die offen auszutragen, kann man gar nicht zu den besten Lösungen kommen. Also gibt es einen Chef, der es nicht nur aushält, sondern auch einlädt, kritische und andere Perspektiven einzubringen." So formuliert Oliver Kastalio, CEO der WMF-Gruppe, seine Erfahrungen zu mutiger Führung.

Fragen für mehr Mut

„Wenn wir keine Angst hätten, was würden wir tun?"

„Was ist die mutigste (risikoreichste) Sache, die wir tun können?"

„Welche Chancen ergeben sich gerade? Ergeben sich welche aus den Schwierigkeiten?"

„Was wir hier vorhaben, ist wirklich Neuland. Keiner weiß zu hundert Prozent, was richtig und was falsch ist. Wir werden Fehler machen. Das ist okay. Wir werden vieles richtig machen. Noch besser. Lasst es uns rausfinden."

„Welche Annahmen treffen wir hier? Was könnte noch zutreffen? Haben wir etwas übersehen?"

„Was ist hier jetzt besonders schwierig oder anstrengend?"

„Wenn wir über dieses Thema sprechen – welchen inneren Widerstand spürt ihr da? Welche Spannung nehmt ihr wahr?"

„Die Lage ist unübersichtlich, es gibt wenige Gewissheiten und viele Unwägbarkeiten. Wie wollen wir damit umgehen? Welche Schritte bieten sich an?

„Danke, dass du diese Sichtweise geteilt hast. Die ist wichtig für ein gutes Ergebnis!"

Umso mehr du eine neugierige, offene und einladende Haltung gegenüber den Anforderungen, Aufgaben und Widrigkeiten einnimmst, desto mehr können wir mutige Gespräche führen. Du stellst Fragen, die nicht Ängste füttern, sondern Zuversicht, Verbindung und Offenheit signalisieren. Besonders in Organisationen, die sehr hierarchisch oder fehlerorientiert und – pardon – lahmarschig sind, kannst du mit deiner Wortwahl mehr Menschen zur Teilhabe bewegen.

Diese Fragen können genauso selbstverständlich werden, wie die nach dem Budget, nach den Ressourcen oder nach den Risiken. Mit diesen Fragen erlaubst du dir und deinem Team, erst einmal gedanklich aus der Komfortzone herauszutreten und eine frische Perspektive einzunehmen. Die spannenden Antworten kann man dann gemeinsam betrachten, bewerten und den mutigen Optionen eine faire Chance geben.

Vielleicht hat nicht jeder Lust, ist genervt oder eingeschüchtert von den Fragen und dem anschließenden Gespräch. Ich konzentriere mich dann auf die, die dabei sind. Die Unbeteiligten wollen vielleicht in ihrer Komfortzone bleiben, haben Sorge um ihre Routine oder sind von solchen „Phantastereien" genervt. So be it. Du kannst auch ein Meeting nur mit denen machen, die aus der Wohlfühlzone rauswollen, da diese die ganze Energie zulassen, und dann, wenn ihr euch ausgetobt habt, nochmal kühl bewerten. Dann können die Unbeteiligten ein hervorragender erster Test für die Tragfähigkeit eurer Idee sein und für die Überzeugungskraft eurer Argumente. Mit ihnen könnt ihr Schwächen des Vorschlags finden und ihn verbessern. Oder die Bedenkenträger haben echt schlaue Argumente, haben deinen/euren „blind Spot" entdeckt und dich/euch vor einer großen Schaumschlägerei bewahrt.

EINZELNE ERMUTIGEN

Die Produkteinführung in einem Markt schleppte sich mehr schlecht als recht. Die Initiative war eine der ersten des neuen weltweiten Chief Marketing Officers Andreas*, der zeigen hatte wollen, wie schnell man eine neue Marke und ein neues Produkt in einen Markt bringen kann. Wenn man ein so genialer Marketer und durchsetzungsfähiger Mensch ist wie er. Tja, funktionierte bloß nicht. Millionen Euro an Investitionen waren schon geflossen, die Umsatzzahlen schleppten sich weit unter den Erwartungen dahin. Die Landesgesellschaft, die das Produkt in ihrem Markt eingeführt hatte und einen großen Teil der Kosten trug, war unzufrieden und machte die schlechte Konzeption und Kampagne von Andreas' Team verantwortlich. Andreas war überzeugt, dass die Landesgesellschaft schlecht arbeitete, und „schuld war". Ich war, von Andreas vor ein paar Monaten eingestellt, die Leiterin der Marktforschung und meine Abteilung war dran mit „Finde den Fehler".

Claudio* hatte frisch in meinem Team angefangen. Superschlau, toller Kommunikator, schnelle Auffassungsgabe – genau der Richtige, für eine inhaltlich und „politisch" heikle Aufgabe. Als ich ihm das Angebot

---

* Name geändert

machte, sich des Falls anzunehmen, wollte er das erst nicht. Was noch mal für seine Klugheit spricht. Da kamen Ängste, ob er sich schnell und präzise genug als Greenie in die Fakten einarbeiten kann. Wie er der Sache auf den Grund gehen kann, ohne dass Akteure ihm das Ergebnis nachhaltig übelnehmen.

Wir besprachen diese legitimen Sorgen und verabredeten Sicherheiten. Er würde sich die Faktenlage erarbeiten, dann schauen wir uns zusammen Analyse und Schlussfolgerungen an. Ich versicherte ihm, dass ich ihm die Analyse auf jeden Fall zutraue, und wir alle Ergebnisse und Interpretationen so gründlich besprechen, dass ich immer mit in die Bresche springen kann. Und ich versprach, dass ich Schlussfolgerungen und Vorgehen so mit Andreas bespreche, dass Claudio bei guter Arbeit keine Blessuren davontragen wird. Zum Glück hatten wir das alles so genau besprochen – in den Analysen entdeckten wir große Fehler der Zentrale wie auch Schwächen in der lokalen Umsetzung. Ungeschoren kam keiner davon, Andreas konnte halt manches auf die inzwischen gegangene Marketingdirektorin schieben, die die Einführung konzipiert hatte. Außerdem verbuchte er es als Anfängerfehler und warf seine Augen schon auf viel größere und wichtigere Projekte. Claudio hat die Feuerprobe bestanden und sich als kluger Analytiker und kollegialer Challenger positioniert.

„Hat schon einmal jemand anderes für dich Mut bewiesen und wie hat sich das ausgewirkt?" Eine Frage, die ich vielen Interviewpartner stelle. Hier sind drei Zitate aus diesen Interviews. Das erste von Maira, die mit Mitte zwanzig in Afghanistan für die UN arbeitete: „Als ich in Afghanistan für die UN gearbeitet habe. Ich hatte zwei Mal das Glück, unheimlich mutige Chefs zu haben. Die haben mir als sehr junger Frau unheimlich viel Verantwortung übertragen und gesagt: „Wir vertrauen dir, dass du das machst." Und dann haben die mich wirklich machen lassen. Dieses Grundvertrauen war großartig. Die haben mich als Person gesehen und mich gestärkt. Das hat mir unheimlich viel Kraft gegeben." Dann eines von Markus, der unter anderem Managing Director bei accenture war und als Politik- und Kulturberater tätig ist: „Mein großer Mentor, der mir immer mehr zugetraut hat als ich mir selbst. Der hat den Plafond immer höher gehängt, als ich das für möglich gehalten habe. Das macht mich bis heute glücklich." Oder auch Anja Pietsch, eine Coach-Kollegin, die Klettern als Leistungssport betreibt (wo wir gerade von Mut sprechen ...): „Mein Kollege. Der mir im Namen seiner Firma einige Jobs übertrug, die ich mir selbst nicht zugetraut hätte. Mit seinem Vertrauensvorschuss im Rücken ging plötzlich mehr – und mein eigener Mut im beruflichen Kontext wuchs nachhaltig." Ob die jeweiligen Chefs das als Vertrauensvorschuss gesehen haben, oder einfach einen klaren Blick auf die Leistungsfähigkeit dieser Menschen hatten: Der Effekt der Übertragung von Verantwortung ist jedes Mal immens.

Als Führungskraft kannst du eine Schlüsselrolle spielen, damit Menschen in deinem Team mutig agieren. Indem du Aufgaben und Verantwortung übergibst, die jemanden aus der Komfortzone herausholen (siehe Kapitel „Vertrauensvorschuss"). Du spürst, dass ein „Du schaffst das schon! Und ich pass' auf dich auf!" nicht reicht?

Du kannst jemanden aktiv aus der Angstzone heraus bei den fünf Schritten durch die Mutzone begleiten. Das kann in einem konzentrierten Gespräch stattfinden, wenn die Angst sich auf eine ganz spezifische Aufgabe oder Situation bezieht. Große Karriereschritte, Landeswechsel, Übernahme eines wichtigen Projekts – da braucht es vielleicht mehr Gespräche, um die Schritte zu begleiten.

Angst wahrnehmen: Worin besteht die Angst? Seid genau, die kann vielschichtig sein. Nehmt alle Aspekte der Angst wahr.

Hand aufs Herz: Was ist ein guter Grund, diese Angst zu überwinden? Was „saugt dich" aus der Angstzone in die Mutzone?

Realitäten wahrnehmen: Was kann wirklich schief gehen? Wie wahrscheinlich ist das? Was kann man machen, um das Risiko zu minimieren? Was wäre Erfolg – und was bedeutet der? Auf welche Stärken kann die Person setzen? Welche Schwächen müssen beachtet werden? Wer kann helfen?

Entschließen: Wozu ist dein*e Mitarbeiter*in bereit? Was will er/sie tun? Der Entschluss kann auch sein, etwas erst einmal zu üben oder nur eine Teilaufgabe zu übernehmen. Unterstützende Maßnahmen und „Sicherheitsnetze" können verabredet werden.

Trauen: Besprechen, wann dieser mutige Schritt gegangen wird. Und nochmal bestätigen, welche Rolle du einnehmen wirst.

Wenn der mutige Schritt getan ist, wertet ihr aus, was gelungen ist, was noch schwierig ist, was als nächstes getan werden kann. Aus einem „Meta-Gespräch" über das Mut-finden kann dein*e Mitarbeiter*in lernen, wie er/sie in der nächsten Angst-Situation agieren will.

„Es ist noch kein Meister vom Himmel gefallen." Wenn die Angst rund um „Ich kann das nicht, mir fehlt die Kompetenz" tobt, dann ist „Training" und „Üben" die Antwort. Erst durch Wiederholung wird eine neue Kompetenz vertraut und abgesichert, bewegt sie sich aus der Unsicherheit heraus in eine vertraute Fähigkeit. Keine Topleistung basiert nur auf Talent, Improvisation oder Lässigkeit gegenüber der Aufgabe. Üben, Konzentration und wieder Üben bringen uns nachhaltig in neue Kompetenzen und belohnen unseren Mut. Auf „Talent" zu verweisen, ist keine Ermutigung. Talent macht es uns leichter, reicht aber nicht, um nachhaltig leistungsfähig zu sein. Du wirst keine*n Athleten*in, kein*e Musiker*in finden, die allein wegen ihres Talents erstklassig sind. Sondern nur, weil sie mit ihrem Talent jeden Tag üben, üben und üben und ihr Können regelmäßig in Leistungssituationen abrufen.

ZUR SEITE TRETEN, BITTE

Seit zwei Jahren leitet Ariane* das teuerste, größte und komplizierteste Projekt in meiner Abteilung, die weltweite Einführung einer App, mit der Berichte und Analysen zu Markterhebungen jederzeit an jedem Ort von den berechtigten Personen eingesehen werden können. Ein wirklicher Meilenstein für uns, den wir nach 24 Monaten planmäßig erreichen, weil Ariane das Thema beherrscht, Menschen bei der Stange gehalten und sie unheimlich hart dafür gearbeitet hat. Der große Moment steht an – die App soll dem CEO vorgestellt werden, so dass auch er direkten Zugriff auf die Marktzahlen und die Leistung von Landesgesellschaften und den Teams hat.

———
* Name geändert

Mein Chef wird da sein, ich soll kommen, und Ariane. Dann stelle ich mir das Szenario vor: ein CEO mit drei Leuten, die um ihn herumtanzen, obwohl es eigentlich nur eine Person braucht – Ariane. Wir haben nur zwanzig Minuten Zeit mit dem CEO, und es geht um ein echt anspruchsvolles, kompliziertes Thema. Ich gehe zu so etwas nur hin, wenn ich auch etwas zu sagen habe, was niemand anderes zu sagen hat. Ich kenne die Redefreudigkeit meines Chefs und kann abschätzen, wie viel Zeit Ariane braucht, um dem CEO die wesentlichen Inhalte zu vermitteln – ich gehe nicht mit. Ich möchte Ariane so viel „airtime" wie möglich mit dem CEO geben. Es ist ihr Projekt. Ich hole mir das Scheinwerferlicht ein andermal.

Einfach mal zur Seite treten, den anderen den Platz geben, zeigt Vertrauen, schafft Mut. Achtung: Wenn dabei etwas schief geht, sich die Person übernommen hat, Gegenwind auftritt – dann kannst du wieder in die Mitte treten und dafür sorgen, dass sie möglichst unbeschadet weitermacht.

DIE MUTIGEN FÖRDERN

„Die hat wirklich für ihre Überzeugung gekämpft, das war offensichtlich. Da hat sie sich nicht beliebt gemacht, das wusste sie, und es war ihr egal, weil ihr die Sache so wichtig war. Ich habe ihren Mut gesehen, und ab da habe ich sie als ein Top-Talent gesehen und gefördert." So beschreibt mir ein CEO, wie er Mut in seiner Organisation gefördert hat. Er hat „Mut" als Kompetenz erkannt und eine entsprechende Personalpolitik gemacht. Dafür muss man nicht CEO sein. Sobald du Personalverantwortung hast, kannst du „Mut gezeigt" und „Risiko eingegangen" zu Kriterien machen und diesen Menschen mehr Verantwortung übertragen.

Ich habe bereits darüber gesprochen, dass Mutige manchmal allein dastehen. Du kannst dich dazustellen. Den richtigen Moment wählen, um das Gespräch anzubieten, den Mut zu reflektieren, was gut war, was nicht so gut war. Eine frische Perspektive anbieten.

In einem 5-tägigen Führungskräfteseminar bei Procter & Gamble hatten es die Trainer*innen darauf angelegt, den ca. 40 Teilnehmer*innen ihre

Grenzen aufzuzeigen. Ich war eher „teilnehmende Beobachterin" – im 6. Monat schwanger war das eine prima Entschuldigung. Ich fand die Methoden und Haltung der Trainer sowieso fragwürdig, im Laufe des Trainings immer mehr. Es wurde sehr viel gefordert, provoziert, Druck ausgeübt, es wurden irritierende und verunsichernde Impulse gesetzt. Die Stimmung wurde immer angespannter und aggressiver, immer wieder versuchten einzelne, sich mit Vorschlägen hervorzutun und allen zu sagen, wie es jetzt weitergehen sollte. Nichts funktionierte, die Stimmung wurde noch schlechter. Dann der Auftritt von Kai*: „So geht das hier nicht weiter. Wir machen das alle falsch ..." Bevor er weiterreden kann, wird er ausgelacht, angeschrien, aller Frust ergießt sich über ihn, er wird regelrecht zum Sündenbock gemacht. Die Trainer*innen schreiten nicht ein, lassen dem Geschehen seinen Lauf. Irgendwann raufen sich alle zusammen, in ihrer Ablehnung von Kai funktioniert das plötzlich. Und Kai? Ist absolut am Boden zerstört. Ich setze mich zu ihm, und wir sprechen. Reflektieren, was passiert ist. Und ich höre zu. Biete ihm meine Perspektive an – dass das alles gar nicht viel mit ihm zu tun hatte, sondern sich alle nach einem Sündenbock gesehnt haben, und es ihn getroffen hat. Ich fand damals, dass er sehr mutig war, kannte ihn gut genug, um darauf zu vertrauen, dass er es gut gemeint hatte und dass man jemanden, der so von einer Gruppe „zur Sau" gemacht wird, nicht allein lässt. Ich finde Mut gut, und dann sage ich das auch den Mutigen.

NOCHMALS: FEHLERFIXIERUNG IST FÜHRUNG FÜR ANFÄNGER*INNEN

„Das Wort muss doch ohne Apostroph vor dem „s" geschrieben werden, nicht wahr – du meinst doch Plural, oder?" Das ist nicht ein Fehlerhinweis meines Englischlehrers, sondern der erste Kommentar zu Strategie meiner internationalen Marktforschungsabteilung, die ich gerade meinem Finanzkollegen, Eric*, vorstelle. Er ist, wie ich, in der zweiten Führungsebene eines internationalen 20 Milliarden Euro-Unternehmens verortet. Ich will mit ihm besprechen, wie wir „Consumer & Market Intelligence" so aufstellen, dass wir schneller innovieren, unsere Marken besser einsetzen und weltweit zusätzliche Ertragschancen fin-

---

* Name geändert

den können. Er ist in meinen Augen ein wichtiger strategischer Partner, um „facts over opinions" als Haltung im Senior Management zu verankern. Und dann das: „Der Apostroph ist an der falschen Stelle." Innerlich sacke ich zusammen, ärgere mich für eine Millisekunde über den falschen Ort des Apostrophs, gebe ihm recht und führe ihn wieder zu einem Gespräch über Strategie statt über Grammatik. Im Rest des Meetings bestätigt sich der Eindruck: Er war an unserer Arbeit nicht sonderlich interessiert, formulierte keine möglichen gemeinsamen Interessen und suchte eigentlich nur nach möglichen Kritikpunkten und Fehlern unserer Strategie. Ob er sich auf Anweisung seines Chefs so verhielt (sein und mein Chef konnten sich nicht ausstehen), nicht anders konnte oder wollte – weiß ich bis heute nicht. Das Ergebnis war, dass ich mich in der Zusammenarbeit auf „Fehlerfreiheit" konzentriert habe und die wichtige Achse von Marktforschung und Finanzabteilung für faktenbasierte Entscheidungen nie zum Tragen kam.

Viele Führungskräfte haben kaum Fehlertoleranz, sind in ihre Rolle hineingewachsen, weil sie weniger Fehler als andere machen. Dadurch sind sie schneller, effizienter, „besser". Das ist in vielen Berufen, Fachgebieten und Branchen ein wichtiger Faktor für Beförderungen. Wenn dein*e Chef*in so ist, dann ahnst du jetzt, warum du so wenig Energie, Freude und Tatkraft bei deiner Arbeit spürst.

Wenn du als Führungskraft deine Hauptaufgabe darin siehst, Fehler zu entdecken, zu kritisieren und abzustellen, bist du ein Kontrolletti, keine Führungskraft.

Führung schafft Orientierung, mobilisiert Ressourcen, sorgt für Entwicklung. Fehler finden und ausmerzen ist dabei **eine** Aufgabe, nicht Zweck von Führung.

Natürlich ist es gut, keine Fehler zu machen, vor allem nicht zwei Mal denselben. Das schont Ressourcen, ist effizient, sorgt für Qualität. Es gibt aber Aufgaben, die du nur mit Mut zu Fehlern angehen und erfüllen kannst.

Noch ein Wort zum **Timing** beim Fehler benennen. Eric hatte ja Recht – der Apostroph war an der falschen Stelle. Das zu benennen war für unser Gespräch aber völlig unerheblich. Das ist genauso verkehrt, wie einen Investantrag über 7 Millionen Euro nicht zu unterschreiben, sondern in die Konzern-Umlaufbahn zurückzuschicken, weil es einen Buchstabendreher bei einem Wort gab. Wo meine Aufmerksamkeit als Führungskraft hingeht, geht die Energie der Organisation hin. Deswegen sind Mindset und Timing solcher Fehlergespräche so wichtig. Nimm dir Zeit und finde die Haltung „Es wäre noch besser gewesen, wenn …" anstatt „Du hast was falsch gemacht". Ein Dokument ohne Tippfehler, eine Grafik mit einer korrekten Legende, eine Präsentation ohne lauter Füllworte: Das ist professionell und da wollen wir hin. Wann dafür die Energie vorhanden ist, spüre ich als Führungskraft und schaffe dann dafür Platz, um die Freude an guten Ergebnissen und starker Wirkung in den Mittelpunkt des Gesprächs zu stellen.

Als Führungskraft hast du jeden Tag die Chance, Mutige und Mut zu fördern, Vertrauen zu zeigen, zur Seite zu treten und andere wachsen zu sehen – und so selbst zu wachsen. Vertrauen und Mut sind keine Einbahnstraßen, sondern Quelle von mehr Wirkung, mehr Freude in der Zusammenarbeit und mehr persönlichem Wachstum.

Menschen führen für mehr Mut

Mit Fragen, die zu **mutigem Handeln einladen,** schaffst du den Raum für die neuen Ideen, Perspektiven und Alternativen. Einzelne kannst du ermutigen, indem du ihnen ganz bewusst eine „zu große" **risikoreiche Aufgabe** anbietest, in der sie sich erfahren und beweisen können. Damit Mitarbeitende aus der Komfortzone rauskommen, können Vorgesetzte auch mal **zur Seite treten** – so wächst Mut. Wenn du jemanden siehst, die mutig immer wieder in die Wachstumszone schreitet – fördere und **bestärke sie.** Sie kann ein Vorbild für alle sein. In deiner Führung achtest du auf eine kluge **Balance** von Fehler erkennen und ausmerzen und Energie für Entwicklungschancen, Innovation und neue Aufgaben.

MUT ZUR VERÄNDERUNG –
WENN ES GRÖSSER WERDEN MUSS

Transformation, Innovation, Change Management und viele weitere Begriffe (und Versuche der Umsetzung) sind in unserer Arbeit allgegenwärtig. Die VUCA-Welt und „normale" Veränderungsprozesse in unserem Umfeld und in der Organisation schieben uns immer wieder in den Moment, in dem das Verharren in der Komfortzone nicht mehr funktioniert. Da braucht es dann Mut, nicht wahr?

HOCH DEN ARSCH: WENN DAS HAUS BRENNT

In den 90er Jahren startete ich in der Marktforschung bei Procter & Gamble. Die Abteilung hatte einen sehr guten Ruf und auch einen festen Platz in vielen zentralen Entscheidungsabläufen. Dennoch lancierte der damalige weltweite Chef einen Erneuerungsprozess für die Abteilung. Glücklicherweise schickte mich mein Vorgesetzter in die europäische Arbeitsgruppe, so dass ich die meisten Diskussionen aus erster Hand miterlebte. Und die begannen so, wie das wohl tausendfach bei solchen Gelegenheiten geschieht. Wohlverdiente Expert*innen und erfolgreiche Manager*innen besprachen, wie sie doch alles richtig machen, verwiesen auf Erfolgsgeschichten, unser hohes Ansehen, spannende Projekte. Bis jemand den Teufel an die Wand malte. Was wäre, wenn die Marktforschung ausgegliedert würde, zu einem externen Dienstleister gemacht würde, der sich gegen andere Dienstleister mit kompetitiven Angeboten durchsetzen muss? Von einer solchen Welle der Ausgliederung wurden zu dieser Zeit in vielen Großunternehmen Fachabteilungen erfasst – also war es eine reale Möglichkeit, kein Hirngespinst.

Diese Frage erschütterte uns alle. Leisteten wir wirklich etwas, das nur wir konnten? Wie unterscheiden sich unsere Leistung, unsere Beiträge von irgendeinem Marktforschungsinstitut oder einer Managementberatung?

Unsere Diskussionen wurden sehr viel zugespitzter. Plötzlich waren wir bereit, Erreichtes infrage zu stellen, statt uns auf die Schultern zu klopfen. Das war der Anfang für eine umfassende Erneuerung der

Marktforschung, und ohne „dem Teufel an der Wand" wäre die Energie hierfür nicht freigesetzt worden.

Dieses Beispiel ist aus den 90er Jahren, und seitdem habe ich ähnliche Situationen zig- bis hundertfach erlebt. Organisationen, die Mühe haben, Veränderungen wahrzunehmen und sich daran anzupassen. Wenn du gerade dank Digitalisierungsschüben, der Dekarbonisierung der Wirtschaft, Pandemie-Verfügungen, ungewohnten Erwartungen junger Nachwuchskräfte oder aus sonst irgendeinem Grund merkst, dass dein „Modus Operandi" nicht mehr zukunftsträchtig ist – dann bist du nicht der/die Erste in der Menschheitsgeschichte. Nutze die Gelegenheit, verstehe den Kern der Veränderung, die Risiken und Chancen und stelle für dich und deine Organisation einerseits den Druck dar – „so wie bisher wird es nicht weiter gehen" und erarbeite „den Sog". Der Sog ist die Kraft, der Wille, die Neugierde, neue Wege zu begehen.

MUT FÜR INNOVATION UND WANDEL – FÜR DIE BEWAHRER

„Ich verstehe nicht, warum die Menschen Angst vor neuen Ideen haben. Ich habe Angst vor den alten. "

John Cage

Dir fällt es schwer, den Mut für Innovationen und Veränderungen bei deiner Arbeit zu finden? Du magst deine Routinen, die vorhandenen Systeme und findest viele Gründe, dich nicht an entsprechenden Arbeitsgruppen und Projekten zu beteiligen? Und fragst dich, ob es nicht auch mutig sein kann, etwas zu bewahren und nicht jeder Mode hin- und herzurennen? Ja – es ist mutig, eine andere Meinung zu formulieren und gegen den Strom der Innovationsgläubigen zu schwimmen. Nur – die Wahrscheinlichkeit ist sehr gering, dass eine Organisation, die alles beim Alten lässt, dies tut, weil das der beste Weg ist. Sehr viel wahrscheinlicher ist es, und so habe ich es vielfach beobachtet, dass nicht hingeguckt wird, wie sich die Welt/die Kundschaft/ Technologien/Mitarbeiter*innen verändern, die Auswirkungen kleingeredet oder nur zaghafte Anpassungen gemacht werden (siehe Kodak, Nokia, Blackberry).

Wenn dir Veränderungen persönlich sehr schwerfallen, liegt das vielleicht in deiner persönlichen Präferenz begründet. Wenn du bei Innovationen und Veränderungen konsistent in eine Abwehrhaltung gehst, weil du deine Routinen und das Vertraute schätzt und entstehende Risiken sehr hoch bewertest – dann bist du so. Diese Präferenz wird sich auch nicht durch Druck von Vorgesetzten oder durch die Agitation begeisterter Kolleg*innen ändern.

Was kannst du tun? Wenn deine persönliche Präferenz das Vertraute, Bestehende, die Routinen sind, und du aufgefordert bist, in die Veränderung zu gehen, kannst du folgende Schritte gehen:

1. Finde heraus, was die Intention der Veränderung ist.
2. Verstehe, auf welche neuen Entwicklungen die Veränderungen reagiert und welchen Nutzen sie stiften will. Kannst du diese Entwicklungen sehen, sind die nachvollziehbar für dich?
3. Notiere dir, welche Entwicklungen der Realität du nachvollziehst und welche nicht. Bemühe dich um eine sachliche, faktische Einschätzung, sei selbstkritisch. Glaubst du, oder weißt du?
4. Reflektiere, wie genau die anstehenden Veränderungen auf die neuen Realitäten abgestimmt sind. Kann der versprochene Nutzen entstehen? Wie aufwändig, kostspielig, schwierig wird die Veränderung sein?
5. Was an der Veränderung lehnst du ab? Welche Bedürfnisse bei dir werden mit der Veränderung verletzt? Sei spezifisch!
6. Verstehe, wie stark deine Gefühle sind, vor allem, wenn es um Veränderungen geht, die deine Lebensgestaltung tangieren, oder die deiner Kolleg*innen.
7. Was kannst du tun, um die negativen Aspekte zu korrigieren oder zu minimieren?
8. Erst dann ziehst du ein Fazit. Sei so sachlich wie möglich und dann finde den Mut für den richtigen nächsten Schritt.
9. Wenn du merkst, dass du die Veränderungen rational nachvollziehen kannst, aber stark (negativ) emotional reagierst, dann respektiere beides! Höchstwahrscheinlich ist deine emotionale Reaktion ein „Abschiedsschmerz", weil die Veränderung dein vertrautes soziales Gefüge betrifft, und das ist schwer für dich. Sprich mit anderen über diesen Abschied und schau, was du in die Zukunft tragen kannst. Mach Pläne, die dir gefallen.

Diese Schritte sind nicht in 10 Minuten getan. Sie erfordern Neugierde, Geduld, Gespräche und Toleranz gegenüber den „Innovationswütigen". Und Verständnis und Aufmerksamkeit dir selbst gegenüber. Unterscheide Fakten, Bedürfnisse, und Gefühle. Habe Respekt vor allen dreien.

Noch eine gute Nachricht: Deine Vorliebe für Routinen und Verlässlichkeit wird nach den vielen Veränderungen wieder befriedigt werden, dann wird sich dein Mut, die Veränderungen mitzugehen, gelohnt haben. Am Ende eines solchen Innovationsprozesses sind die neuen Verantwortlichkeiten, Abläufe, Arbeitsweisen verabredet, gelernt, und alle sind froh, dass jemand wie du diese sorgfältig und verlässlich anwendet.

MUT FÜR INNOVATION UND WANDEL – FÜR DIE REBELL*INNEN

Das letzte Kapitel hast du bestimmt übersprungen, so fremd sind dir die Gedankengänge deiner bewahrenden Mitmenschen. Nerven dich deren Einwände und Bedenken? Findest du sie bequem, träge und phantasielos?

Diese Menschen bringen etwas Kostbares zur „Party": Sie werden dafür sorgen, dass wichtige Geschäftsprozesse ordentlich weiterlaufen, dass du deine Überzeugungskraft trainierst, dass du Schwachstellen in deiner Argumentation findest. Und: Diese Menschen gibt es überall – so wie es Rebell*innen wie dich überall gibt. Wir können uns gegenseitig wegwünschen – oder den einzigartigen Beitrag des anderen erkennen und nutzen.

Vielleicht fühlst du dich auch genau so allein in deiner Veränderungsfreude wie die meisten anderen auch: Gallup, ein internationales Beratungsunternehmen, berichtete 2018 aus einer repräsentativen Umfrage bei Arbeitnehmer*innen, dass 80 % der Befragten sich an ihrem Arbeitsplatz nicht ermutigt fühlen, Neues auszuprobieren, zu scheitern und aus Fehlern zu lernen.

Wenn du in einem solchen Umfeld unterwegs bist, und du immer wieder mit Ideen auf Ablehnung stößt, ist der Mutfresser schon weit in deine Arbeitswelt vorgedrungen.

Da braucht es Initiative, Nachdruck und Geduld, um das stetig zu verändern. Eine solche Organisationskultur und Arbeitsatmosphäre ändert sich nicht durch eine geniale Idee, einen leidenschaftlichen Redebeitrag beim Führungskräfteseminar, einem Training mit einem Innovations-Guru.

Was kannst du tun, um Bewegung und Offenheit für Neues zu schaffen, so dass du und andere mutig Neues vorschlagen können?

1. Schaffe ein möglichst lebendiges Bild deiner Idee, arbeite die Vorteile heraus, erkläre, wie es funktionieren kann. Erkläre, wieso ein „weiter so" verkehrt ist, eine neue Vorgehensweise besser ist. Erkläre das immer, immer wieder – auch wenn du dich selbst nicht mehr hören kannst.

2. Verschaffe dir frühe Erfolge und kommuniziere diese. Über vereinbarte Zwischenschritte, deren Erreichen du kommunizierst und unter Umständen sogar feierst, zeigst du allen, dass das gemalte Erfolgsbild zur Realität werden kann.

3. Finde und mobilisiere Verbündete, schmiede Allianzen mit möglichst einflussreichen Personen in der Organisation. Diskreditiere und demütige nicht deine „Gegner" und die Zögernden – dann kommen die nie! Begegne ihnen mit Empathie, frag nach, verstehe, was bei denen los ist. Bemühe dich, ihre Einwände in deine Ideen einzubauen. Sprecht über gemeinsame Interessen, sich ergänzende Kompetenzen und Verantwortlichkeiten, schafft ein „Win-Win", in welchem alle Beteiligten Vorteile sehen.

4. Respektiere die kleinen Schritte und Ergebnisse und finde eine pragmatische Haltung zur Machbarkeit. Für dieses Buch habe ich mit vielen Menschen gesprochen, die richtig große Ambitionen für den nachhaltigen Umbau unseres Wirtschaftens haben. Jede*r hat „Pragmatismus" in der Arbeit empfohlen: Auch wenn sich kein einzelner Schritt, kein einzelnes Projekt ausreichend anfühlt, kann man nur über diese kleinen Bausteine den großen Umbau bewerkstelligen.

5. „Institutionalisiere die Widerstände" ist der Tipp von Marion Sollbach, die u. a. bei Galeria Kaufhof und der Metro über viele Jahre

„Leiterin Nachhaltigkeit" war. In entsprechenden Arbeitskreisen, bei Berichten in Vorstandsgremien u. ä. müssen dann auch Skeptiker und Verhinderer zuhören und Stellung beziehen. Hier kannst du wichtige Informationen und Meinungen einholen, dein Anliegen präsentieren, dich erklären, und wenn nötig, auch Entscheidungen durchsetzen. Das alles gehört zum Mut der Veränderung.

6. Rückschläge wird es geben. Verstehe, was schiefgegangen ist. Lern' draus. Mach besser weiter.

7. Nimm den „tipping point" wahr, den Moment, in dem euer Vorhaben Zugkraft entwickelt, ihr echte Erfolge verzeichnet, ihr vom „underdog" zur Leitfigur werdet. Es braucht jetzt eine andere Energie, die eine selbstverständliche Autorität ausstrahlt und nicht mehr aufgeregt erklärt. Souveränität, Sicherheit und Verlässlichkeit werden jetzt von euch erwartet, weniger Rebellisches.

8. Nicht triumphieren, wenn es endlich gelingt. Die Verweigernden, Zögerlichen, Vorsichtigen werden plötzlich dazugehören wollen, wenn du mit deinem Anliegen erfolgreich bist. Sei großzügig, beziehe sie ein und verbeiße dir jede bittere Bemerkung über die anstrengende bis verletzende Vergangenheit. „The winner takes it all" kannst du auch auf deine Widersacher*innen beziehen.

SCHEITERN GEHÖRT DAZU

„Scheitern ist ein blauer Fleck, keine Tätowierung."

Jon Sinclair. Übersetzt von der Autorin

Fehler sind ein Horror für viele erfolgreiche, leistungsstarke und ehrgeizige Menschen. Darüber haben wir bereits gesprochen. Noch „schlimmer" ist es, wenn ein Ziel nicht erreicht wird: wenn sie scheitern. Dabei ist Scheitern nicht das Gegenteil von Erfolg, sondern Teil des Erfolges.

Unbeantwortete Kontaktanfragen, abgelehnte Angebote, Webinare ohne Anmeldungen – selbständig sein ist auch das. Während ich diese Zeilen schreibe, fühle ich mich sehr „im Scheitern" – mein Erfolgsbild und die Realität klaffen markant auseinander. Ich analysiere die Situation, ergreife Maßnahmen (zum Beispiel, dieses Buch zu schreiben), probiere Sachen aus – und schön finde ich das gerade gar nicht. Mein großer Trost: Scheitern gehört zum Erfolg, und ich bin absolut überzeugt, dass meine Arbeit wertvoll und mein Beitrag wichtig sind. Mit dieser Haltung entwickele ich neue Angebote, überarbeite mein Marketing, nehme Videos auf – voller Vertrauen, dass der Erfolg wiederkommen wird.

Scheitern ist die anstrengende Seite von Mut. Das Charakteristische am Risiko ist die Möglichkeit des „Scheiterns" – du erreichst nicht das angestrebte Ziel. Wenn du ein starkes Team hast, sind alle bereits frustriert und enttäuscht, wenn es schiefgeht. Was du dann nicht brauchst, ist die Energieverschwendung der Schulddebatte. Sondern die Mobilisierung eurer Energie, um euch wieder dem Zweck eurer Zusammenarbeit zuzuwenden: „Warum hatten wir uns dieses Ziel gesetzt, und was tun wir nun, da wir dieses Ziel nicht erreicht haben?"

Geht in die Analyse, um für die Zukunft zu verstehen, was ihr besser machen könntet. Ihr respektiert, dass nicht alles kontrollier- und steuerbar ist, und ihr dieses Mal nicht das Quäntchen Glück hattet, das es auch manchmal braucht. Ihr seid stolz, dass ihr etwas unternommen habt, das nicht einfach zu erreichen war. Jetzt kannst du die Verantwortung dafür übernehmen, dass euer Mut nicht als Fehler abgespeichert, sondern als Lehrer angenommen wird. Das wird von deiner Haltung abhängen, von den Fragen, die du stellst und von deiner Kapazität, die nächsten Schritte zu entwickeln und den Zweck eures Unterfangens in den Mittelpunkt zu stellen.

Scheitern zum Lehrer machen:

Haltung	Fragen	Schritte
Empathisch	Wie geht es uns jetzt?	Gemeinsam „trauern, sauer sein, den totalen Frust wahrnehmen
Analytisch	Was ist passiert?	„Erbarmungsloses Fazit" zu den Gründen des Scheiterns
Optimistisch	Was nehmen wir uns vor? Wie erfüllen wir den Zweck?	Neues Ziel setzen
Kreativ	Wie gehen wir das an?	Lehren aus dem Fazit ziehen Stragegie machen und planen

Im Scheitern wirst du auch feststellen, ob euer „Zweck" wirklich stark ist, ob ihr den Sog verspürt, weiterzumachen. Wenn alle nach einem nicht erreichten Ziel „in den Sack hauen" – dann war das ein sehr schwacher Sog, es gibt zu wenig Überzeugung und Leidenschaft, um nach dem ersten Frust in die Analyse, in das nächste Ziel, in den Folgeplan zu investieren. Oder ihr könnt den Verdruss annehmen, Ursachen analysieren und mit Optimismus schlauer weitermachen. Viel Erfolg!

Die großen Veränderungen

Viele Organisationen sterben, weil sie externe Entwicklungen nicht sehen wollten. Mit „**Hoch den Arsch**" kannst du dein Team, deinen Vorstand dazu bewegen, Scheinwerfer auf den blinden Fleck zu richten, frühe, schwache Signale wahrzunehmen und aktiv Zukunftsszenarien zu entwickeln. Daraus kann viel Mut für neue Projekte, Prozesse, Ziele entstehen.

Für Bewahrer*innen kann ein Transformationsprozess sehr anstrengend sein. Viele **Fragen stellen,** sich um Verständnis bemühen und sich auf nachfolgend ruhigeres Fahrwasser freuen, kann' eine Veränderungsphase erträglicher machen.

Erfolgreiche Rebell*innen **mobilisieren Menschen** und Ressourcen für ihre Ideen. Sie laden auch die Zögerlichen zum Mitmachen und Einsteigen ein, vermeiden Polarisierung und ebnen den Weg mit pragmatischen Zwischenergebnissen.

In unserer VUCA-Welt und mit den Mitteln und den Kompetenzen, die wir gerade haben, können wir mit unseren Anliegen und Projekten scheitern. Erfolg ist schöner. Und deswegen scheitern wir. **Scheitern ist Teil des Erfolges, nicht das Gegenteil.**

KEIN KINDERSPIEL, ABER AUCH KEIN HEXENWERK: ZIVILCOURAGE

Zivilcourage bedeutet, sich einzumischen, zu Wort zu melden, Unrecht und Diskriminierung entgegenzutreten. Nicht für die Durchsetzung eigener Anliegen, sondern für die Rechte und berechtigten Interessen aller ... Es ist wertorientiertes Handeln, das öffentlich stattfindet. "

(Gugel, Günter: Zivilcourage. Themenblätter im Unterricht, Nr. 108. Bundeszentrale für politische Bildung, 2. Auflage 2017)

Mit meiner Einladung zu Zivilcourage möchte ich dieses Buch beschließen. Ich habe dir (hoffentlich!) Kraft für deinen persönlichen Mut in der Gestaltung deines Lebens, Inspiration für den beruflichen Mut in Organisationen und Unternehmen gegeben. Individuelles Glück und beruflicher Erfolg sind erstrebenswert – in einer demokratischen Gesellschaft der persönlichen Freiheit und des gegenseitigen Respekts.

Wir können in Situationen geraten, in denen Grundwerte oder Sicherheit Einzelner gefährdet sind. Da ist ein besonderer Mut gefordert – die Zivilcourage. Wenn du ins Risiko gehst, weil ein dir wichtiger Wert verletzt ist, ein Mensch in Gefahr ist, unser Zusammenleben eine Intervention erfordert. Das ist der Mut, mit dem du in einer Gefahrensituation dem Opfer hilfst, einschreitest, wenn Menschen in deiner Anwesenheit beleidigt oder gedemütigt werden oder Grundwerte unseres Zusammenlebens verletzt werden. Deine Zivilcourage überwindet die Angst negativer persönlicher Folgen und hilft dir, das Richtige zu tun.

Gibt es in deinem Umfeld immer wieder Momente, in denen du dich einmischen möchtest, um Unrecht oder Diskriminierung zu verhindern? Und es gelingt dir noch nicht? Dann probiere es mit diesen Schritten:

1. Hand aufs Herz: sei dir deiner Werte bewusst, was ist dir wichtig im Zusammenleben und in der Zusammenarbeit? Wann überschreiten andere Grenzen im Umgang, in der Zusammenarbeit, die du nicht überschritten sehen willst?

2. Jetzt lass mal die letzten 4 Wochen, 3 Monate, 6 Monate Revue passieren, und schau, welche Situationen grenzwertig waren. Der sexistische Witz unter Kollegen? Die abwertende Bemerkung des Klassenlehrers über das Kind aus der „Hartz-IV-Familie"? Antisemitische Äußerungen beim Konzertbesuch?

3. Erinnere dich, wie du die Situation empfunden hast, und wie du reagiert hast? Welche weiteren Handlungsoptionen hätte es gegeben? Was wäre da Zivilcourage gewesen?

4. Sprich mit Vertrauten über die Situationen und was du in Zukunft tun möchtest. Setze das um, wenn es die Situation erfordert.

5. „Es ist nie zu spät" – wenn die abfälligen, übergriffigen Bemerkungen systematisch fallen, z. B. bei deiner Arbeit, im Bekanntenkreis. Suche das Gespräch jenseits der akuten Situation und fordere wertschätzendes und faires Verhalten ein. Das geht. Es wird noch einfacher, wenn du dich mit einem/einer Gleichgesinnten verabredest und ihr das Thema gemeinsam zur Sprache bringt.

Für eine akut brenzlige Situation gibt es wichtige Regeln der Polizei (https://www.aktion-tu-was.de/zivilcourage-regeln/acht-geben/) – Wagemut gehört hier nicht zum Verhaltensrepertoire.

1. Hilf, aber bring dich nicht in Gefahr
2. Ruf die Polizei unter 110
3. Bitte andere um Mithilfe
4. Präge dir Täter*innenmerkmale ein
5. Kümmere dich um Opfer
6. Sag als Zeuge aus

Wenn du deine Zivilcourage „nachhaltig" sichern und stärken willst, wirst du bei einer Suche im Internet fündig werden, wo in deiner Nähe ein solches Training angeboten wird. Viele örtliche Polizeidienststellen bieten solche Weiterbildungen an, wobei ich auf Nachfrage in Köln erfahren habe, dass die schnell ausgebucht sind. Gutes Zeichen – Menschen wollen Zivilcourage können!

Ob wir in einer lebenswerten und respektvollen Welt leben, können wir nicht delegieren. Du kannst dich in vielen Momenten entscheiden, einen Teil beizutragen.

„Natürlich gibt es die Erfahrung der Ohnmacht, aber sie darf einen nicht lähmen. Zivilcourage hat mit Selbstachtung, mit der Selbstbehauptung menschlicher Würde zu tun. "

Dorothee Sölle

Zivilcourage

Eine demokratische Gesellschaft der persönlichen Freiheit und des gegenseitigen Respekts braucht das Engagement aller, und manchmal braucht es Zivilcourage.

Du bist „zivil couragiert", wenn du dich für andere einsetzt, die auf deine Hilfe angewiesen sind, weil sie bedroht, diskriminiert, gedemütigt werden und sie sich nicht (alleine) wehren können.

Auch Zivilcourage ist eine Kompetenz. Aktiviere deinen moralischen Kompass, finde Handlungsoptionen und eventuelle Verbündete, um einen schlechten Zustand abzustellen.

Für akut gefährliche Momente, die ein Einschreiten erfordern, hältst du dich an die polizeilichen Regeln, um das Richtige zu tun und dich zu schützen.

ÜBER MICH

Mut ist individuell und persönlich. Um meine Anekdoten und Perspektiven besser einordnen zu können, gebe ich gerne Einblick in meine Werte, meine Konstruktion der Welt und wesentliche Weichenstellungen in meinem Leben – es mag helfen.

Ich bin die Jüngste mit fünf älteren Geschwistern – da war und ist immer jemand für mich da. Um mir etwas beizubringen, mir zu helfen oder mich zu beschützen.

Ich bin ein Mensch mit Flucht- und Migrationshintergrund: Meine Mutter, geborene Astrid von Thadden, floh 1945 mit 15 Jahren aus Pommern nach Göttingen. Mein Vater, Franzose, hat sich in den 60er Jahren des letzten Jahrhunderts ein Leben in Deutschland aufgebaut. Beiden war die Neugierde auf das andere Land und den anderen Menschen wichtiger als die Geschichte der deutsch-französischen Feindschaft. Diese kulturelle und geographische Mobilität scheine ich geerbt zu haben.

Mein Vater starb viel zu früh als einer der zwanzigtausend jährlichen Verkehrstoten in den 70er Jahren. Die Folge war ein Leben, das materiellen Wohlstand als etwas sehr Flüchtiges und Unzuverlässiges wahrnimmt.

Moralische Verantwortung und gesellschaftliches Engagement prägten unsere Erziehung, fühlen sich wie die DNA meiner deutschen Herkunft an. Meine Halbtante, Elisabeth von Thadden, wurde 1944 von den Nazis wegen „Landesverrat" hingerichtet, ein riesiger Verlust für die Familie, und ihr moralisches Erbe war in unserer Erziehung präsent. In meiner Kindheit gaben sich Verwandte aus Frankreich, Geflüchtete aus Chile und jugendliche Notfälle die Klinke unseres großen Hauses in die Hand.

Wie im Kapitel zu „Werten" beschrieben, sind meine allerwichtigsten Werte „Vertrauen", „Kreativität" und „Freiheit".

Mit dem Wert **Vertrauen** verbinde ich mein hohes Bedürfnis, mit anderen Menschen verbunden zu sein, gemeinsam etwas zu schaffen,

Freunde zu haben und Schönes gemeinsam zu erleben. Ich liebe es, mit und in Teams zu arbeiten, anderen nah zu sein und Hilfe zu geben und zu bekommen. Ich bin glücklich in meiner fünfköpfigen Kernfamilie und aufgehoben in einer üppigen Großfamilie.

Upsides:
Ich verspreche selten etwas, was ich nicht halten kann. Ich vertraue jüngeren Kolleg*innen, und die antworten mit hoher Leistung. Ich gucke immer auf die langfristige Wirkung meines Handelns.

Downside:
Ich bin sehr verstört, wenn ich kein Vertrauen spüre, oder dieses missbraucht wird. Lügen empören mich, da bin ich schnell auf dem hohen Ross der überlegenen Moral.
Misstrauen verletzt mich, und dann mache ich mehr Fehler.
Ich überarbeite mich, um Vertrauen „zu verdienen".

Der Wert „**Freiheit**" ist mir physisch wie emotional wichtig. Physisch – die wenigen Male, in denen ich in meinem Leben keine Bewegungsfreiheit verspürt habe (in Nordkorea, als Jugendliche im Segelcamp, auf manchen Geschäftsreisen abends im Hotel) habe ich das als sehr, sehr belastend empfunden und konnte eigentlich an gar nichts mehr anderes denken als an diesen Beschneidung meiner persönlichen Freiheit. Der Corona-Lockdown, auch wenn das in Deutschland alles halbwegs glimpflich abgelaufen ist, hat mich sehr belastet. In meinen Lebensentscheidungen – wie ich mit Geld umgehe, beruflichen Schritten – achte ich auf langfristige Freiheit.

Upsides:
Ich kann ganz viel hinterfragen, weil ich mich nicht an bestimmte Antworten und Muster gebunden fühle. Ich bin auch bereit, mächtigere Menschen zu fordern, weil ich mich von ihnen unabhängig sehe.

Downside:
Manchmal schießt mir mein Freiheitsbedürfnis in meinen „Vertrauenshunger" – ich habe Unternehmen aus Neugierde und für die Unabhängigkeit verlassen. Und dann steht man plötzlich ohne die liebgewonnenen Kolleg*innen da.

Kreativität ist sicherlich ein weiterer Treiber meines Lebensweges. Instinktiv suche ich nach neuen Lösungen, frage mich immer, „wie geht es schneller, besser, schöner". Male, nähe, singe dilettantisch – mit Liebe zum Erlebnis und Humor beim Ergebnis. Im Alltag lebe ich meine Kreativität gerne beim Kochen aus. Wesentlich ist meine Fähigkeit, „out of the box" zu denken. Also nicht den konventionellen, hergebrachten Weg zu gehen, sondern zu fragen, ob es auch ganz andere Lösungen gibt. So wurde ich für meine Kunden zum „thought leader", zur Vordenkerin bei strategisch anspruchsvollen Themen. Ich kann eine Riesenmenge an Daten, Informationen und Phänomenen mit meiner Kreativität in einer „Story" zusammenführen, die dann zum Beispiel für Geschäftsleitungen und Marketingabteilungen eindeutige Orientierung bietet. Dies ist keine Produktion „alternativer Fakten", sondern eine besondere kreative Fähigkeit, den roten Faden, das Muster, das Verbindende in dem Dschungel der Daten zu entdecken, und diesen dann spannend und überraschend dem Publikum zu vermitteln.

Upsides:
Ich habe viele originelle, einzigartige und effektive Ideen gehabt und mit Erfolg umgesetzt. Die Kreativität anderer inspiriert mich und regt mich immer wieder an, selber neue Wege zu finden. Ich habe ein spannendes Leben, das sich wenig an Konventionen hält und viel von Neugierde getrieben ist.

Downside:
Die Routine langweilt mich, sogar wenn sie die effizienteste Lösung ist. Es ist nur ein schmaler Grat zwischen Kreativität und Provisorien. Menschen, denen Konventionen wichtig sind, stoße ich manchmal vor den Kopf.

SCHLUSSWORT

Mut ist eine Kompetenz, kein Charakterzug. Ich wünsche mir sehr, dass mein Buch dich unterstützt, deinen Mutmuskel zu trainieren. Weil es lebensdienlich ist, sich nicht mit Gegebenheiten abzufinden, sondern eigene Wünsche zu verfolgen. Es gibt so viele individuelle und kollektive Chancen, wenn Menschen mutiger werden.

Wenn du Mut für deine individuellen Chancen suchst – mit den fünf Schritten in die Mutzone kennst du jetzt den Weg in die Wachstumszone, in neue Kompetenzen, Verantwortungen, Lebensumstände. Ein mutiges Mindset wird es dir in Zukunft leichter machen, antrainierte Angstmacher und Mutfresser zu erkennen und zu überwinden.

Einschüchterndes, manipulierendes, angsteinflößendes Verhalten verliert seine Macht, wenn mehr Menschen sich nicht einschüchtern und kleinmachen lassen. Zu oft sind es die mit den Ellenbogen, der Rücksichtslosigkeit und dem Egoismus, die die machtvollen Positionen einnehmen. Angst wahrnehmen, Hand aufs Herz, Fakten aufnehmen, Szenarien entwickeln, Verbündete finden – und dann mutig den Angstmachern entgegentreten, und vielleicht selber nach der Macht greifen?

Nach der Macht greifen – hört sich das „böse" an? Dann ersetze „Macht" mit „Wirksamkeit": greife nach der Wirksamkeit, so dass dein Umfeld, dein Team, dein Unternehmen ein mutiges Umfeld schaffen kann.

Hierzu braucht es gute Grundlagen – Zweck, Ziele, Strategien, klare Verabredungen der Arbeitsweise. Und eine mutige Grundhaltung, mit der wir tagtäglich zum Risiko einladen und kluge Wege beschreiten. Ich fordere den Mut ein, weil riesige Aufgaben vor uns liegen. Die Bekämpfung der Klimakatastrophe, wie wir gerechter leben und wirtschaften können, wie wir das menschliche Potential überall zur Geltung kommen lassen – dafür brauchen wir viel, viel Mut, das befindet sich nicht in der Komfortzone.

Mit mehr Mut in der Welt werden wir mehr Vielfalt, Kreativität und Freude erleben. Wir werden bessere Gespräche, klügere Lösungen und ein schöneres Miteinander haben. Du wirst mit deiner Mutkompetenz wirkungsvoller, fröhlicher und erfüllter durchs Leben gehen.

Das ist mein großes Anliegen mit diesem Buch, dass du viele und neue Gelegenheiten für dein mutiges Handeln entdeckst und nutzt. Oder mit Franz Beckenbauer gesagt: „Geht's raus und spielt's Fußball!"

MEHR VON DER AUTORIN

In Trainings, Coachings und als Referentin ermutigt Florence Guesnet Einzelne und Teams, voller Mut die Zukunft zu gestalten, Zusammenarbeit zu stärken und Ziele zu erreichen. Anfragen bitte an: **admin@ambitionize.de**

Aktuelle Informationen über Veranstaltungen und Angebote findest du hier: **https://ambitionize.de**

Der Autorin kannst du folgen:
https://www.linkedin.com/in/florence-m-guesnet-ambitionize/
https://www.facebook.com/fmguesnetmutigweiter
Bei Instagram unter @florencemguesnet

Und hier ihren Newsletter abonnieren:
http://eepurl.com/hAom5L

DANKSAGUNGEN

Oliver für seine Präzision, komma-technischen Argus-Augen und die stetige Präsenz und Unterstützung in meinem Leben. Danke hierfür und für viel, viel mehr.

Dr. Markus Klimmer, Deputy Chairman von HH2E, für deine Offenheit, dein Feedback, dein Netzwerken und die immer freundliche Haltung, mit der du der Welt begegnest.

Oliver Kastalio, CEO und Chairman WMF, für den intensiven Austausch zu mutiger Führung, für manch gemeinsam geleerte Flasche Wein und deine immer prompten und verbindlichen Antworten.

Jan Hendrik Becker, Redaktionsleiter beim rbb, für seine schreiberischen Weisheiten. Miriam Janke, Moderations-Coach, für ihren Zuspruch und kostbaren journalistischen Tipps. Dr. Angelika Schrand, Geschäftsführerin Contur GmbH, für ihre inhaltlichen Hinweise zu Innovation und respektvoller Führung.

Barbara Thaden, Künstlerin, meine wunderbare Schwester, für ihr ermunterndes Nachfragen über den Schreibe-Fortschritt und die kreativen Skizzen, die mich bestärkt haben, bei Mut ganz genau hinzugucken.

Benno Dorer, ehemaliger Chief Executive Officer Clorox, für ein ausführliches Gespräch zu Ethik und Moral, schwierigen Momenten und die Kraft der Ermutigung.

Manfred Weichselbaumer für das geduldige Lektorat, die sachdienlichen Hinweise und den Glauben an das Projekt.

Katrin Helena Ernst und Anja Schlenk, Projektmanagerinnen bei der Bertelsmann-Stiftung, fürs Bloggen, Workshoppen etc. bei der Stiftung.

Marc Nicolaudius, Geschäftsführer der Magnetec Gruppe, für deine Begeisterung, den Zuspruch und Austausch, wenn wir über mutige Führung sprechen.

Maira Küppers, Anja Pietsch und Professorin Gesine Schwan für unsere Mut-Interviews.

Marion Sollbach, Nachhaltigkeits-Expertin, für deine Perspektive, wie man nachhaltiges Wirtschaften in Unternehmen lancieren, verankern und verstetigen kann.

Jule Lutteroth für das Interview für „Spiegel Wissen", in dem meine persönlichen und beruflichen Erfahrungen einen guten Platz gefunden haben.

Francine De Bruyckere-Geerts, Freundin und Geschäftspartnerin, für die gemeinsame Entwicklung mutmachender Konzepte, Trainings und Coachings.

Iman El Achmaoui, Studentin, für ihre positive Energie, Kreativität und Beharrlichkeit, meine Anliegen in Social Media zu tragen.

LITERATURVERZEICHNIS

Bauer, Joachim: Selbststeuerung, Die Wiederentdeckung des freien Willens, 2015, Der Wilhelm Heyne Verlag

Behringer, N.: Erfolgreich verändern in der Stretchzone, 2013, wissens.blitz (116). https://wissensdialoge.de/dreizonenmodell

Croos-Müller, Dr. med. Claudia: Nur Mut!, 2012, Kösel-Verlag

Göpel, Maja: Unsere Welt neu denken, 2021, Ullstein Verlag, 18. Auflage

Hüther, Gerald: Biologie der Angst. 2018, Vandenhoeck & Ruprecht, 13. Auflage

Rosenberg, Marshall B.: Nonviolent Communication: a Language of Life, 2015, Encinitas, 3. Auflage

Seale, Alan: Transformational Presence – The Tools, Skills, and Frameworks, 2018, als Buch erschienen bei "the Center for Transformational Presence"